ENCONTRAR LA LUZ
A TRAVÉS DE LA OSCURIDAD

Adquiere sabiduría, adquiere entendimiento;
    no te olvides ni te apartes de las palabras de mi boca.
No la abandones y ella velará sobre ti;
    ámala y ella te protegerá.
El principio de la sabiduría es este: adquiere sabiduría,
    y aunque te cueste todo lo que tengas, adquiere entendimiento.
Estímala, y ella te ensalzará;
    ella te honrará si tú la abrazas;
Guirnalda de gracia pondrá en tu cabeza,
    corona gloriosa te entregará.

—Proverbios 4:5-9

Kabbalah Centre Publishing es una unidad de negocio registrada de Kabbalah Centre International, Inc.

Para más información:

The Kabbalah Centre
155 E. 48th St., New York, NY 10017
1062 S. Robertson Blvd., Los Ángeles, CA 90035

Número gratuito en Estados Unidos: 1 800 KABBALAH
Otros números de contacto en: es.kabbalah.com/ubicaciones

es.kabbalah.com

Impreso en Canadá, julio 2016

ISBN: 978-1-57189-978-1

Front cover image ©Johnér/Offset.com
Diseño: HL Design (Hyun Min Lee) www.hldesignco.com

ENCONTRAR LA LUZ

A TRAVÉS DE LA OSCURIDAD

Lecciones inspiradoras basadas en la Biblia y el Zóhar

KABBALAH
CENTRE
PUBLISHING

KAREN BERG

DEDICATORIA

Rav,

¿Qué puedo decir sobre lo mucho que significas para mí, todo lo que hemos vivido juntos y todo lo que he aprendido de ti?

Cuando empezamos nuestro viaje éramos sólo nosotros cuatro: tú y yo, y mis dos hijas. Teníamos 4.000 dólares a nuestro nombre. Tú querías que viviéramos en Israel. Yo no, porque no conocía el idioma. No teníamos familia allí. La gente estaba en nuestra contra. Pero de alguna forma me ayudaste a ver por qué querías que estuviéramos allí. Lentamente, a tu manera, fuiste tocando el corazón de cada persona, igual que habías tocado el mío. Fuiste, uno por uno, compartiendo tu pasión por esta sabiduría y este camino.

Hoy miro a mi alrededor y hay muchos Centros de Kabbalah por todo el mundo y miles de personas a quienes me siento agradecida de servir. ¿Quién lo habría pensado? Y puedo decir sinceramente que nada de esto habría pasado sin tu persistencia y certeza, que nos empujaban constantemente hacia delante. Tú no te desviabas cuando sabías que era lo que debías hacer.

Este no era mi camino por naturaleza. Yo era como el viento que va en siete direcciones distintas. Pero tú me enseñaste la lección más importante de mi vida: cuando sabes que estás haciendo lo correcto, no dejes que nada te detenga. Persiste hasta que lo logres.

Este es tu regalo para mí y para todos los que tocaste: la capacidad de ver la meta final y de ir tras ella hasta que la alcances.

Había buscado en muchos caminos espirituales, pero nunca encontré mi camino hasta que te encontré a ti.

Durante muchas vidas esperé para estar juntos en esta. La espera valió la pena.

Te amo muchísimo, y estoy agradecida por la certeza y la fuerza que nos has dado y nos continúas dando, a mí y al mundo.

—Karen

PREFACIO

Siempre he sentido vocación por el trabajo espiritual. Aun antes de conocer al Rav, estaba inmersa en la espiritualidad. Pero no fue hasta que nos conocimos que me di cuenta de que podíamos crear algo que ayudara a las personas y generara cambio en este mundo. Creo que nos encontramos con ese propósito. Y así empecé a tomar toda la sabiduría que el Rav había recibido de su mundo y el conocimiento que yo había adquirido, y a enlazar lo uno con lo otro.

Así es cómo comenzamos el Centro de Kabbalah tal y como lo conocemos en la actualidad: un lugar para que hombres, mujeres y niños de todos los ámbitos estudiaran y crecieran juntos. Empezamos a enseñar cosas que no se escuchaban en los círculos tradicionales del Rav. Nuestra misión era crear una espiritualidad que fuera aceptable para todo el mundo, pero sin perder su esencia, los orígenes de la espiritualidad, que procedían de las enseñanzas de la Biblia, el *Zóhar* y los maestros kabbalistas.

El Rav y yo estudiamos las enseñanzas de Shabtái Donnolo (Kabbalista, médico, escritor y astrólogo italiano del siglo X), el *Séfer Yetsirá* (*Libro de la Formación*), escrito por Avraham el Patriarca, que describe la formación astrológica y la influencia de los meses del año, así como la obra de Rav Yitsjak Luria (el Arí), autor de *La puerta de las reencarnaciones*. Recopilamos estos aspectos de la sabiduría espiritual y descubrimos que no sólo expandían los pensamientos de la gente, sino que también les ayudaban a entender su naturaleza y el trabajo individual del alma. Juntos, creamos un lugar en el que las personas podían aprender abiertamente esta sabiduría. Creíamos que esta generación estaba preparada para las herramientas que estábamos compartiendo. Y ese era nuestro camino.

Después de crecer sustancialmente, de seis personas a cientos de ellas y luego miles, entramos en otra fase. Dejó de ser el momento en que la gente se limitara a aprender la sabiduría de un maestro; necesitábamos ayudar a las personas a volverse autosuficientes, independientes en su estudio y crecimiento. Esta es la evolución que está sucediendo ahora, en este momento.

No me considero la mentora de nadie. Puedo ofrecer el material, pero en esta generación las personas pueden conectar directamente con la sabiduría, en lugar de tener un maestro que les guíe hacia un estilo de vida específico. No es el maestro; son las enseñanzas. El Centro de Kabbalah se ha expandido más que nunca. Hemos llegado a todo el mundo con la Kabbalah, ayudando a la gente a aplicar esta sabiduría y estos principios a su vida.

Así pues, como directora espiritual del Centro de Kabbalah, mi papel no es ser la maestra sino más bien la chispa. Ser la voz que dice: "Esto es lo que puedes hacer por ti mismo".

Espero que este libro, y los mensajes que hay en él, despierten y nutran tu deseo de conectarte con la Luz del Creador, así como la Luz que hay en tu interior.

ÍNDICE

PODER
Entiende el propósito de tu vida para alcanzar tu máximo potencial

TRABAJO ESPIRITUAL
Encuentra la plenitud verdadera a través de la transformación personal

RELACIONES
Relaciónate con los demás como una chispa divina de Dios

LUZ
Elévate por encima de la oscuridad para ser la Luz

AMOR
Cultiva el poder de un corazón abierto

PODER

Entiende el propósito de tu vida para alcanzar
tu máximo potencial

EL CAMINO PARA DESCUBRIR Y ALCANZAR NUESTRO PROPÓSITO

Mucha gente hoy en día se pregunta: "¿Cuál es mi propósito y qué quiere el Creador para mí?".

La verdad sea dicha, mientras sigamos vivos siempre hay algo más que el Creador quiere para nosotros. Y sin embargo, todos hemos vivido momentos en los sentimos que nuestra vida es monótona y parece que no estamos haciendo nada significativo o que nuestro trabajo es insatisfactorio. Nos sentimos estancados. Cuando esto sucede, es posible que estemos destinados a viajar por un camino distinto.

Cuando hacemos el mismo trabajo día tras día y sentimos que hemos cumplido con nuestra labor y que no deberíamos hacer más, nos estamos quedando estancados. Una forma en la que podemos elegir el mejor camino para nuestra alma y tener una vida con más propósito es concedernos el espacio para explorar, el tiempo para escuchar realmente a nuestro corazón, y el permiso para pensar más allá de los parámetros establecidos. El problema es que a veces dejamos de pensar y nos dejamos llevar por la inercia. No nos ponemos en contacto con nosotros mismos. Atrapados en las responsabilidades de la vida, perdemos de vista nuestros sueños. Nos olvidamos de buscar nuevas maneras de dar más a los demás y hacer todavía mejor las cosas que ya hacemos.

Cuando tomamos la iniciativa de crecer, empezamos el proceso de elevarnos al siguiente nivel. Encontrar y cumplir nuestro propósito es algo que elegimos; no es algo que ocurre automáticamente. Y créeme, elegir es algo que necesitamos hacer conscientemente cada día, reconociendo que podemos hacer más; buscando nuevas maneras de asumir retos mayores; mejorando aquello en lo que ya somos buenos y persiguiendo oportunidades que nos hablan en un nivel que está más allá de las palabras. Alcanzar nuestro propósito es un proceso en el que nos embarcamos cuando nos damos cuenta de que ahora no estamos expresando nuestro potencial. Si estamos demasiado cómodos, entonces no avanzamos; y mientras sigamos respirando, entonces podemos hacer más.

Rav Yehuda Áshlag, fundador del Centro de Kabbalah, nos enseña que el universo apoyará las decisiones que tomemos. Sigue la Luz, y siempre serás empujado hacia más Luz; sigue la oscuridad, y siempre serás empujado hacia una mayor oscuridad. Tenemos el libre albedrío para resistir nuestros deseos egoístas, y cuanto más lo hacemos, más podemos recibir la orientación que está destinada a llevarnos por el mejor camino. Lamentablemente, a veces nos interponemos en nuestro propio camino. Nos olvidamos, o no nos damos cuenta, de que somos los mensajeros y no el mensaje, y cuando esto sucede, tendemos a recibir las llamadas equivocadas y subir por las escaleras equivocadas. La clave es sacarnos a nosotros mismos de la ecuación, y ser un canal tan puro como sea posible cuando escuchamos y ayudamos a los demás.

Todos tenemos la oportunidad de obtener más claridad sobre el camino que nuestra alma quiere que sigamos al conectar con lo que nosotros llamamos *Or Makif* (Luz Circundante). En términos simples, la Luz Circundante es el potencial que cada uno de nosotros puede revelar en este mundo.

Mi más profundo deseo para todos ustedes, quienes están leyendo esto y todos aquellos a quienes influenciarán a lo largo de sus vidas, es que lleguen a conocer su verdadero propósito, que tengan la sabiduría y el coraje de correr tras él y que vivan sus vidas con la máxima plenitud.

SIGUE AVANZANDO

Estamos perpetuamente en un tiempo de nuevos comienzos. Igual que las estaciones nunca dejan de cambiar y el tiempo sigue avanzando continuamente, lo mismo ocurre con nuestra conciencia. Y sin embargo, aunque podemos ver claramente cómo seguir avanzando de un curso al siguiente en la escuela, o de una tarea a la siguiente en el trabajo, el viaje de seguir avanzando en nuestro trabajo espiritual a menudo no resulta tan claro o fácil.

Seguir avanzando espiritualmente significa que tomamos decisiones que nos permiten trascender el control de la fisicalidad al esforzarnos por algo más elevado: la energía espiritual de nuestra alma. Esto significa ser proactivos en la forma en que abordamos nuestra salud, nuestras relaciones, nuestros negocios; hacer cambios que nos sacan de nuestra zona de confort actual y nos convierten en seres que comparten más. Hacernos preguntas sobre nosotros mismos puede ayudarnos: ¿Adónde estoy yendo y qué debo cambiar para llegar allí? Una vez que sabemos que necesitamos cambiar nuestros malos hábitos, nuestro entorno, incluso nuestros amigos, podemos hacer esos cambios inmediatamente o podemos elegir hacerlos en otro momento. Muy a menudo resulta mucho más fácil esperar a otro día o incluso no hacer ningún cambio en absoluto, aunque sepamos lo que necesitamos hacer. Pero cuando posponemos, estamos aplazando las mismas decisiones que podrían crear una verdadera diferencia en nuestra vida.

Cada uno de nosotros tiene algo positivo que compartir con alguien, así como un potencial único para revelar, no importa si es a grande o pequeña escala. Pero todo empieza con un deseo muy importante y la decisión de seguir avanzado.

ENCUENTRA LA DICHA EN EL CRECIMIENTO

"Debes saber de dónde viniste, saber adónde vas y saber a quién deberás rendir cuentas".
—Akaviá ben Mahalalel, *Pirkéi Avot*, capítulo 3, Primera *Mishná*

Quizás seríamos personas diferentes si todos siguiéramos este mensaje. Lo que podemos entender de estas palabras es el poder de conectar con el panorama más amplio de nuestro propósito. Necesitamos recordar de dónde vinimos —la microchispa que creó la vida misma— y adónde iremos, que es de regreso a esta microchispa. Y lo que es más importante, necesitamos recordar a quién debemos rendir cuentas: nuestro Creador. Con esta perspectiva, tenemos el poder de mantenernos enfocados en lo que es realmente relevante para nuestra evolución personal y global. Con demasiada frecuencia nos olvidamos de que el propósito de nuestra alma no tiene absolutamente nada que ver con las cosas superfluas que añadimos a nuestra vida. En esencia, la razón principal de nuestra existencia en este mundo físico es jugar el juego de la vida. Es un juego muy serio y productivo, en el cual el reto consiste en regresar la Luz que se nos entregó originalmente a su Fuente (el Creador), con el fin de que el universo vuelva a ser completo.

Cuando estamos atentos y abiertos, recibimos orientación. Dios le dijo a Avraham: "Vete de tu tierra, de entre tus parientes y de la casa de tu padre, a la tierra que Yo te mostraré" (Génesis 12:1). En la Kabbalah, "dejar el hogar" es un código para la creación de un nuevo comienzo. Por lo tanto, lo que podemos extraer de aquí es que para que Avraham alcanzara su propósito como el canal de misericordia para todo el mundo, primero necesitaba salir de su zona de confort.

Conozco a muchas personas que han pasado toda la vida en la misma casa, en el mismo vecindario, con las mismas personas. ¿Significa esto que estas personas no han logrado crecer espiritualmente? No necesariamente. No es el movimiento físico lo que es importante, sino más bien nuestra disposición a extendernos más allá de nuestros patrones acostumbrados.

Necesitamos aceptar el hecho de que puede que no sepamos cómo va a desarrollarse nuestro día o dónde vamos a estar en cinco años. Nuestro trabajo no es saber cuál será el resultado, sino más bien saber que cada pensamiento, palabra y acción —positiva o negativa— creará la diferencia. Cada uno de nosotros tiene que ver de qué es responsable hoy, y luego enmendar algo en su personalidad de forma que al seguir avanzando se mueva en una energía espiritual más elevada.

No hay dicha en la mera existencia. La dicha está en emprender, en crecer, en hacer cosas —y quizás, a veces, incluso en asumir riesgos para encontrar nuestro camino— mientras tenemos siempre presente quiénes somos, lo que somos y ante quién debemos responder.

TIENES LA OPORTUNIDAD DE COMENZAR DE NUEVO

Gracias a Dios por los nuevos comienzos, ¿verdad? Es probable que en los veinte, treinta o más de cincuenta años que hemos estado en este planeta hayamos vivido cientos de nuevos comienzos. La capacidad de olvidar, volver a empezar y ver las cosas de otra manera, ¡es el lujo de ser humano!

Cuando acudimos al principio de la Biblia (Génesis) podemos encontrar muchos y poderosos secretos y lecciones para nosotros. Incluso dentro de la infraestructura de las letras hebreas que forman la palabra *bereshit* בראשׁית, la primera palabra de la Biblia, hay mucho que aprender. Según el gran Kabbalista Rav Yitsjak Luria (el Arí), las letras hebreas tienen un poder que va más allá de la simple comunicación del lenguaje y su significado. Estas letras son portales a través de los cuales la Luz del Creador puede entrar en este mundo. Cada letra es un canal de una forma única de energía; y esto es cierto sepamos o no cómo suena la letra o cómo encaja en una palabra determinada.

Los kabbalistas también nos dicen que cuando conectamos con las letras hebreas de las oraciones, abrimos los canales a través de los cuales enviamos nuestras intenciones y peticiones.

Bereshit, que significa "en el principio", es la primera palabra de la Biblia, la semilla por así decirlo, y empieza con la letra hebrea *Bet* ב. Los kabbalistas nos dicen que la letra *Bet* representa *brajá*, que quiere decir "bendición", que es el impulso que lleva todo lo demás a la existencia.

La letra *Bet* es también la primera letra de la palabra *bitajón*, que significa "confianza" o la capacidad de confiar en uno mismo y en el Creador. La *Bet* de *bitajón* es uno de los pilares fundamentales para nuestra supervivencia en este mundo físico, pues sin confianza en uno mismo no puede haber confianza en nadie más. Si no crees que puedes lograr algo, no darás los pasos necesarios para llegar allí.

La segunda letra de la palabra *bereshit* es *Resh* ר, que es la primera letra de la palabra *ratsón*, que significa "deseo". Sin *ratsón* no hay fuerza de vida. Es el deseo lo que nos hace seguir adelante: algo que nos entusiasma cuando nos levantamos por la mañana y nos hace sentir plenos cuando vamos a dormir por la noche. Sin motivación, no podemos tener plenitud real en la vida. Para atraer motivación y construir nuestro deseo, podemos conectar con la letra *Resh*.

La tercera letra es *Álef* א, que da inicio a la palabra *ahavá* o "amor". ¿Puedes imaginarte este mundo sin amor? ¿Puedes imaginarte la vida sin amor? No me refiero al tipo de amor romántico entre dos personas, aunque eso es algo hermoso, sino el amor del Creador y la Creación: el amor que viene de mirar una flor con reverencia y asombro, sabiendo que sólo la Fuerza de Luz pudo haber creado tanto esplendor y perfección. El amor es saber que cada ser que vive, respira y crece tiene un propósito; desde el mosquito hasta el ser humano, todo está creado en sincronía y con propósito.

La siguiente es la letra *Shin* ‎שׁ, que es la primera letra de la palabra *shéket* o "paz y tranquilidad". ¿Cuántos de nosotros encontramos la paz en nuestro interior? Para poder vivir, tenemos que inhalar aire antes de poder exhalar. Para crecer, también necesitamos ir a ese espacio interior donde hay la suficiente quietud para preguntarnos: ¿Qué he hecho, en quién me estoy convirtiendo y qué necesito cambiar?

La letra final de la palabra *bereshit* es *Tav* ‎ת, que nos lleva de regreso a la palabra *Torá*, porque sin una guía para el entendimiento y el propósito, ¿cómo puede haber significado y plenitud en lo que hacemos? Si no tenemos conciencia espiritual, entonces robar, asaltar, lastimar y poner en peligro a otras personas, actuar sin dignidad humana es todo juego limpio, y así el mundo dejaría de existir.

Tav es también la primera letra de la palabra *teshuvá*. ¿Pero qué significa en realidad *teshuvá*? Habitualmente esta palabra se traduce como "arrepentimiento", pero esencialmente *teshuvá* es "un regreso", un regreso al principio o a nuestra esencia, esa chispa del Creador que está dentro de nosotros. Este mundo fue formado con el concepto de la dignidad humana, y con la capacidad de perdonar y cambiar. *Teshuvá* significa que estamos imbuidos con la capacidad de hacer nuestra pequeña parte para ser merecedores de la Luz que Dios nos ha dado.

En la palabra *bereshit* encontramos un portal a la energía de los nuevos comienzos. A través de su poder podemos conseguir un nuevo inicio, pasar la página. Creo que cada uno de nosotros necesita otro comienzo independientemente de la edad que tenga o lo que haya hecho antes.

Una de mis frases favoritas es "Dios puso gomas de borrar en los lápices". La dulce verdad espiritual es que los errores y su corrección están incluidos en la configuración del universo porque el Creador conoce y ama a Sus hijos.

RECUERDA EL PODER QUE ESTÁ MÁS ALLÁ DE TI

"Cuídate de no olvidar al Eterno, tu Dios, dejando de guardar Sus mandamientos, Sus ordenanzas y Sus estatutos".
—Deuteronomio 8:11

"No sea que digas en tu corazón: 'Mi poder y la fuerza de mi mano me han producido esta riqueza'".
—Deuteronomio 8:17

Lo que aprendemos de este precepto es a despertar nuestra conciencia y entender que no hay bendición sin la ayuda de la Luz. Cuando alcanzamos algo o logramos una posición exitosa, no debemos creer que fue sólo nuestro poder lo que nos trajo hasta aquí.

El *Zóhar*, en la porción de *Bemidbar* 1:11, nos dice: "Ven y ve: Aquél que habla en alabanza a su amigo, sus hijos, o su dinero y riqueza, debe también bendecir al Creador y reconocer esas bendiciones".

El *Zóhar* explica que el Creador no necesita nuestras bendiciones, y que "bendecir al Creador" significa ser consciente de la Fuerza que está más allá de nuestro propio poder y que impulsa nuestro camino hacia el éxito. Sin embargo, debido a la naturaleza de este mundo físico, podemos olvidarnos. El orgullo anula nuestra conciencia y apreciación de la Luz que hay en nuestra vida.

Dentro de los 72 Nombres de Dios, encontramos todas las letras hebreas menos una: la letra *Guímel* ꒐, que representa la palabra *gaavá* o "orgullo". Cuando estamos orgullosos de nuestros logros y nuestro trabajo, no hay conciencia y, por lo tanto, la Luz no está presente en nuestras acciones.

Así pues, a veces, cuando estamos llenos de nuestro propio ego, llenos de una especie de actitud con aires de superioridad con relación a los demás, es porque nos hemos olvidado completamente de por qué vinimos a aquí en primer lugar, y de que todos y cada uno de nosotros somos capaces de transformar quienes somos en el momento, diciendo: "Gracias, Creador, por permitirme ser quien soy".

NAVEGA A TRAVÉS DEL CAOS

El Creador no prometió que tendríamos una vida libre de caos. No había ninguna garantía de que no fuéramos a perder a un ser querido; tampoco prometió que la vida iba a ser una gran fiesta; esta no es la razón por la que nos hemos encarnado en este mundo. Encarnamos para lidiar con el caos y utilizar nuestra conciencia, nuestro esfuerzo y nuestras acciones para transformarlo en Luz.

Si tenemos fe en la espiritualidad, llegaremos a comprender que sea cual sea la oscuridad que cae ante nosotros, está allí por algún motivo —para ayudarnos a crecer y cambiar— y nuestros problemas y las situaciones en las que nos encontramos son el resultado de algo que hemos hecho, ya sea en esta vida o en una previa.

Está escrito en la Biblia: *Vayejí érev vayejí bóker*, que significa: "Y fue la noche, y fue la mañana". La razón por la que la noche se menciona en primer lugar es porque sin la oscuridad no podríamos entender la polaridad, y no podríamos conocer la Luz.

¿Cuántos de nosotros hemos hallado la dicha de la espiritualidad sólo después de haber pasado por una prueba de fuego? Es como si en algún momento de nuestra vida el Creador nos diera una sacudida y dijera: "Se te está agotando el tiempo. Ve al grano". Nos llegan situaciones oscuras para que finalmente podamos descubrir la Luz.

Todos hemos vivido algún tipo de caos en uno u otro momento, y probablemente nos hemos preguntado: "¿Cómo puede estar pasándome esto a mí? Aprendo, estudio, oro, y a veces hasta hago donaciones. Soy una buena persona. He hecho todas estas buenas acciones. ¿Por qué no tengo una vida tranquila?". Hay proverbio africano que lo responde: "Las aguas tranquilas no crean buenos marineros".

No estamos en esta Tierra sólo para navegar fácilmente a lo largo de nuestra corta vida. Cada uno de nosotros ha sido dotado de una oportunidad, y nuestro tiempo en este planeta es para tomar lo que se nos ha dado y utilizarlo conscientemente para revelar Luz.

CAUSA UN IMPACTO DURADERO EN EL MUNDO

Durante la vida de las personas ilustres, raramente apreciamos el hecho de tenerlas cerca o entendemos lo que hacen. Desgraciadamente, suele ser después de que se marchan cuando nos damos cuenta de su valía y su mérito.

La Biblia nos dice que Sará vivió 127 años (Génesis 23:1). A la edad de cien años era tan bella como una chica de veinte años, y tan pura como una de siete. Aunque había vivido muchos años, ella era joven de espíritu; la Luz en su interior no había disminuido.

Aunque la gente envejece, si observas a aquellos que continuamente llevan a cabo acciones positivas en la vida, te darás cuenta de que siempre parecen tener la fuerza y el entusiasmo para llenar a aquellos que les rodean.

Una fría noche en Nueva York, uno de nuestros maestros del Centro de Kabbalah iba en el auto con sus hijos. Su hijo pequeño miró por la ventana y vio a alguien en la calle caminando sin zapatos. El chico dijo: "¡Papá, para, tenemos que ayudar a este hombre!". Su padre respondió: "¿Qué quieres que haga?", su hijo dijo: "Dale tus zapatos". Y así fue como el maestro paró el auto y le dio sus zapatos a aquel hombre.

Ahora bien, no estoy diciendo que todos tengamos que quitarnos los zapatos cada vez que vemos a un indigente caminando sin un par de ellos. Pero a través de la mirada pura de un niño podemos entender que las acciones de amabilidad, de darnos a los demás, son las que dan energía a la vida.

Las cosas por las que luchamos en este mundo —dinero, posición y respeto— no son nada en sí mismas. Al final, el único impacto real y duradero que causamos es cuando influimos de forma positiva en la vida de los demás. El dinero, la posición y el respeto pueden ser herramientas que nos ayuden en esta misión, pero no pueden ser nuestro objetivo final, ya que de por sí no son duraderas. Todo en este mundo físico es temporal y transitorio; es decir, todo menos el amor y los cuidados que podemos compartir.

Cada día que vivimos es como una cesta que llenamos con nuestras acciones. Si pasamos el día acumulando basura de forma consistente, tendremos una cesta llena de basura al final del día. Por otro lado, si llenamos nuestra cesta con acciones positivas que aumentan la Luz en la vida de los demás, entonces, cuando el día llegue a su fin, tendremos una cesta llena de energía que nunca se desvanecerá. La elección es nuestra.

ESCUCHA LOS SUSURROS DE TU ALMA

"Y no tendrán que enseñar más cada uno a su prójimo y cada cual a su hermano, diciendo: 'Conoce al Eterno', porque todos Me conocerán, desde el más pequeño de ellos hasta el más grande".
—Jeremías 31:34

A veces caemos en una conciencia de movernos por inercia, de andar preocupados por los detalles de la vida. Trabajamos, respiramos, dormimos, y luego nos despertamos a la mañana siguiente y volvemos a hacer lo mismo. ¿No hemos pensado todos en algún momento que simplemente la vida es así?

Sin embargo, hay otros momentos en los que nos despertamos preguntándonos: ¿De qué se trata en realidad todo esto? Después de todo, he vivido una vida de calidad, y aun así no me siento satisfecho. Debe haber un aspecto más profundo de esta existencia física, algo que pueda aprender, algo más que pueda hacer para darle un mayor significado a la vida.

Cuando llegamos a este punto —este momento en el que deseamos la verdad— hemos logrado una evolución del alma, un nuevo entendimiento de por qué vinimos a este mundo. Empezamos a darnos cuenta de que no estamos aquí sólo para movernos por inercia. Una evolución del alma suele ganarse al superar algún tipo de desafío: una prueba de fuego. O en algunos casos llega como un suave susurro: "Despierta, despierta. La vida es más de lo que puedes ver".

Según los kabbalistas, más y más gente empezará a alcanzar esta madurez espiritual a medida que nos acerquemos al momento en el que la Fuerza de Luz del Creador se revele cada vez más en nuestra dimensión física.

SÉ FRUCTÍFERO

Nuestra alma ha de ser cultivada y alimentada para que pueda dar frutos. La mayor parte del tiempo estamos tan ocupados haciendo cosas para satisfacer los deseos del cuerpo que no nos damos tiempo para observar la belleza que hay en el interior; el tiempo para hablar con nuestra alma y escuchar lo que quiere para nosotros.

La porción de la Biblia de *Vayakehel* comienza con Moshé hablándole al pueblo sobre *Shabat*. Moshé dice: "Pueden realizar trabajo durante los seis días de la semana. Sin embargo, en el séptimo, absténganse de toda labor" (*Midrash, Shemot*). *Shabat*, el día en el que damos descanso a nuestro deseo de satisfacer nuestro bienestar físico, es un momento para permitir que la Luz que hay en nuestro interior haga su trabajo. No se requiere que hagamos nada físico; simplemente que demos la bienvenida a la esencia espiritual que hay en nuestro interior. Es un día en el que honramos esa parte de nosotros que está conectada directamente con el Creador. En *Shabat*, dejamos de estar tan involucrados con lo terrenal y creamos un espacio para que la Luz venga y encienda nuestra alma.

El Creador no nos puso en esta Tierra simplemente para vivir, reproducirnos y morir. Nos dio un trabajo específico: hacer del mundo un lugar mejor. Esto no significa que todos tengamos que convertirnos en activistas; significa que necesitamos dar alimento a nuestra alma para que pueda dar frutos.

En Deuteronomio 30:19, el Creador dice: "Llamo al cielo y a la tierra este día como testigos contra ustedes de que he puesto ante ti la vida y la muerte, la bendición y la maldición. Escoge, pues, la vida para que vivas tú…".

La paradoja de la vida es que cuando pensamos en satisfacernos sólo a nosotros mismos, nunca podemos estar satisfechos. Si comemos la mejor comida del mundo solos, entonces después de un día, una semana o un mes, no sólo dejará de satisfacernos, sino que ni siquiera la recordaremos. Sin embargo, si comemos una comida decente con la mejor compañía y compartimos una maravillosa energía, una conversación, o damos o recibimos buenos consejos, continuaremos estando satisfechos con esta experiencia para siempre. Por eso está escrito en el *Zóhar*: "Ten tanto como puedas, sólo asegúrate de que cuando recibas algo también des algo". No se trata de moralidad; es una tecnología para satisfacer a nuestra alma hambrienta.

Después de ciento veinte años, cuando pasemos al otro plano, no habrá un registro de cuántas casas tuvimos o cuántos contratos cerramos. Todo lo que se sabrá de nosotros es cuántas personas mejoraron sus vidas gracias a nosotros. Nada más y nada menos.

Nuestro trabajo es ayudar a nuestra alma a ser fructífera a través de compartir con los demás; este es el propósito de nuestra vida. De otra forma, podríamos haber nacido como animales. Pero somos humanos, y nos conectamos con la Fuerza de Luz al dar desde la abundancia de nuestra alma.

VE LAS DIFICULTADES COMO UNA OPORTUNIDAD PARA CAMBIAR

¿Quiénes son las personas que llamamos héroes? Son individuos que, cuando se encuentran ante una situación oscura, encuentran la fortaleza, la pasión y la perseverancia internas para crear algo positivo. Muchos de estos hombres y mujeres pasan desapercibidos en sus esfuerzos por mejorar las cosas para su prójimo, e incluso para gente desconocida. Lamentablemente, tanto los desastres naturales como aquellos provocados por el hombre son a menudo el escenario del cual surgen estos héroes. Ciertamente, la historia nos enseña que la mayoría de los logros más notables de la humanidad han brotado de las semillas del duro trabajo y la persistencia sembrados en nombre de otros ante la dificultad.

La Biblia nos enseña sobre el enorme potencial de la naturaleza humana ante la adversidad a través de la vida de Avraham. Él alcanzó su grandeza debido a la forma en la que pasó sus diez pruebas: unos asesinos intentaron matarlo cuando era un niño; fue encarcelado durante diez años; tuvo que dejar su hogar y emigrar a Canaán; una hambruna lo llevó a Egipto; el Faraón raptó a su esposa, Sará; luchó contra una alianza de reyes orientales; tuvo una visión y llevó a cabo un sacrificio que selló su "pacto"; fue circuncidado; su hijo Yishmael intentó matar a su otro hijo, Yitsjak; y finalmente, Dios le pidió que sacrificara a su hijo Yitsjak.

Para muchas personas, cada una de estas pruebas por sí solas serían imposibles de superar. Sin embargo, no sólo fue su resiliencia ante las pruebas lo que lo hizo grande; fue la forma en que respondió a éstas. Cuando tuvo que hacer frente a las dificultades no se quejó, ni dijo: "¿Por qué tengo yo que hacer esto? ¿Por qué se me fuerza a sufrir de esta manera?". En su lugar, cualquier cosa que el Creador le pidiera, Avraham la aceptaba como parte de su papel con certeza. Tomó cada circunstancia que se le dio y trabajó con ella para crear algo bello. Todo aquello que parecía negativo, él lo transformaba en algo positivo.

¿Cuántas veces la vida nos lanza un golpe inesperado y lo primero que pensamos es: "¿Por qué yo? Después de todo, ¡soy una persona espiritual!". A menudo abordamos nuestro día como una serie de tareas a completar: despertar, ir al trabajo, hacer lo que tenemos que hacer para continuar nuestra vida. Si completamos estas tareas, nos sentimos felices y productivos; si no, nos quedamos insatisfechos.

Avraham abordaba su día de forma distinta. Cada vez que se encontraba con agresiones o con alguien que quisiera hacerle daño, cada muro que se encontraba y cada cambio que tenía que afrontar, lo aceptaba por el regalo que éste contenía. En otras palabras, en lugar de ser una víctima, Avraham vivía para encontrar la espiritualidad en cada día, en cada prueba, en cada frustración a la que se enfrentaba.

No tenemos que esperar la tragedia para llegar a convertirnos en el héroe de nuestra propia vida. Cuando alguien o alguna situación nos desafía, tenemos una elección. Podemos pensar: "¿Cómo puedo hacer que esta situación desaparezca lo antes posible?" o podemos pensar: "¿Cómo puedo transformar esta situación en Luz?". Cuando apartamos rápidamente a un lado las cosas incómodas, podemos perdernos la oportunidad de crecimiento que nos presentan.

Si abrimos los ojos y nos sintonizamos espiritualmente, descubriremos que cada día nos brinda la oportunidad de revelar la Luz a partir de la oscuridad.

DEBES SABER QUE TODO ES POR TU BIEN

Un joven Kabbalista, Yojanán ben Leví, rezaba a Dios para que le diera permiso de observar al Profeta Eliyahu. Dios respondió a su oración, y Eliyahu apareció ante él. Hablando de corazón, le preguntó: "Eliyahu, ¿puedo viajar contigo durante un breve tiempo y observar todo lo que haces mientras traes milagros al mundo y sirves al Creador?".

Eliyahu le respondió: "Sí, puedes, pero con una condición: por favor, no hagas preguntas. Simplemente observa".

Rav Yojanán accedió, y ambos emprendieron su viaje a una pequeña aldea.

Su primer destino fue una familia pobre cuyo sustento provenía de una sola vaca. Eliyahu y Rav Yojanán visitaron a la familia y se quedaron a pasar la noche. En la mañana, Eliyahu rezó, y la única vaca, que proporcionaba sustento a toda la familia, murió. Perplejo y confundido, Rav Yojanán empezó a preguntarse qué había hecho Eliyahu a esta pobre familia. Al ver su desconcierto, Eliyahu le recordó con firmeza: "No hagas preguntas". Y con eso continuaron su camino.

Su siguiente visita fue a la casa de un hombre muy rico, pero muy grosero. Desde el momento en que llamaron a la puerta, fueron tratados con desdén y con una falta absoluta de dignidad humana. Su desagradable anfitrión no se disculpaba por su comportamiento; de hecho, dijo: "Puesto que están aquí, les daré alimento, pero sólo pueden quedarse en los alojamientos de los sirvientes. Les daré pan y agua, no porque sean bienvenidos, sino porque debo seguir la estúpida costumbre social que me lo exige".

Poco después de haber descansado y haber comido un poco de pan, Eliyahu y Rav Yojanán se prepararon para dar las gracias a su anfitrión y partieron. Cuando estaban saliendo de allí, Eliyahu bendijo al anfitrión: "Veo que las paredes de tu casa se están resquebrajando. En gratitud por tu hospitalidad, pagaré a un constructor para que las arregle". El kabbalista se quedó perplejo ante la generosidad de Eliyahu, pero se abstuvo de hacer ninguna pregunta.

El profeta y el kabbalista llegaron entonces a una comunidad llena de gente despiadada que despreció a los dos hombres en cuanto llegaron. Y una vez más, para la sorpresa de Rav Yojanán, Eliyahu les dio una gran bendición "Que cada uno de ustedes sea un líder en su propio derecho".

Después de esto, la frustración de Rav Yojanán con Eliyahu iba cada vez en aumento. ¿Por qué sacrificó la vaca que pertenecía a un hombre que los había tratado con tanta amabilidad y humildad, y luego bendijo a su antipático anfitrión y a esa comunidad llena de ego y orgullo? Aun así, el kabbalista había prometido no hacer preguntas, de modo que se mantuvo en silencio y siguió a Eliyahu hasta su próximo destino.

La siguiente comunidad era modesta, llena de gente maravillosa que sirvió a Eliyahu y a Rav Yojanán con gracia y hospitalidad. Cuando llegó el momento de partir, Eliyahu se acercó al consejo de la comunidad y dijo: "Rezo para que tengan un solo líder".

Al escuchar esto, Rav Yojanán no pudo seguir guardando silencio: "Por favor, no puedo soportarlo más. No entiendo lo que está ocurriendo, ¿puedes explicármelo?".

Eliyahu accedió: "Compartiré contigo por qué hice lo que hice. En la primera casa que visitamos estaba decretado que la esposa de aquel pobre hombre estaba destinada a morir aquel día, así que en mis oraciones pedí que se tomara a la vaca en su lugar, y Dios respondió a mis oraciones.

"Escondida debajo de la casa de aquel hombre rico había una fortuna que no estaba destinada para él. Si hubiera empezado las reparaciones habría descubierto el tesoro y obtenido más riqueza y poder, así que pagué a aquel constructor para que arreglara la casa y el propietario nunca encontrara aquel dinero oculto.

"Con respecto a los residentes de la comunidad rica y arrogante, mi bendición para ellos fue que todos y cada uno de ellos debían ser un líder. ¿Sabes lo que ocurre cuando tienes una comunidad de líderes y ningún seguidor? Deja de ser una comunidad; se rompe en pedazos.

"En el último pueblo que visitamos, deseé a sus habitantes la armonía, la unidad, el amor y la fuerza que vienen con un solo líder".

De una vez, Rav Yojanán entendió por qué todo había ocurrido de aquella manera. Fue como si se levantara una cortina y fuera capaz de ver las razones de todo lo que parecía haber ocurrido ante él.

¿Puedes imaginarte si se levantara esa cortina para nosotros en nuestra propia vida?

A menudo no vemos ni podemos ver por qué las cosas son como son porque nuestra perspectiva es limitada. Al estar abiertos a las posibilidades y conectar con el panorama completo, podemos entender que aun las cosas más difíciles y dolorosas son por nuestro propio bien y con el fin de ayudarnos a alcanzar nuestro siguiente nivel de crecimiento espiritual.

LO QUE VA, VUELVE

Rav Yitsjak Luria (el Arí), en el volumen de *Los escritos del Arí: La puerta de las reencarnaciones*, se refiere a las muchas reencarnaciones de nuestros maestros. Cada palabra que encontramos en sus escritos está destinada a enseñarnos algo y a despertar nuestra conciencia sobre el funcionamiento de este mundo. ¿Por qué habla tanto el Arí sobre la reencarnación? ¿Qué diferencia hay si conocemos sobre reencarnación o si creemos en ella siquiera? Porque si podemos entender lo que vinimos a aprender, podemos arreglarlo. Al arreglarlo, podemos sanar el caos en nuestra vida y, finalmente, hacer nuestra parte para sanar el caos del mundo.

El Rav diría: "El conocimiento es la conexión, y la conciencia antecede al cambio. Para resolver un problema, necesito primero ser plenamente consciente de que existe. La negación es el alimento de la inacción".

Hay una historia sobre un estudiante del conocido Kabbalista del siglo XVIII el Baal Shem Tov (Rav Israel ben Eliezer), que preguntó a su maestro "¿Hay justicia en este mundo?". A lo cual el Baal Shem Tov respondió: "Mañana por la tarde ve al parque, siéntate y observa lo que veas a tu alrededor".

Siguiendo las instrucciones de su maestro, al día siguiente el estudiante visitó el parque, encontró un lugar agradable en el que sentarse y miró a su alrededor. Al poco tiempo apareció un hombre joven que llevaba una valija. Parecía muy contento, y se sentó en un banco del parque para descansar un rato y disfrutar del sol. De repente, su expresión cambió. Era como si hubiese olvidado algo, se levantó de un brinco y se fue corriendo. Preocupado con algo que le inquietaba, había dejado la valija al lado del banco en el que se había sentado. Minutos más tarde, un hombre mayor pasó por allí y vio la valija en el suelo. La recogió, la colocó sobre el banco y la abrió. Dentro había fajos de dinero. El evidente entusiasmo de aquel hombre lo dejó sin aliento; miró a su alrededor ansiosamente en todas direcciones, y al no ver a nadie que viniera a reclamarlo, ¡se marchó con la maleta llena de dinero!

Unos minutos más tarde llegó un tercer hombre y se sentó en el banco para relajarse y disfrutar de la tarde. El joven regresó y se puso a buscar frenéticamente su valija perdida. Al no verla, se volvió al hombre que estaba sentado en el banco y le gritó: "¿Dónde está mi valija? ¿Qué ha hecho con mi valija y el dinero?". El tercer hombre, bruscamente arrancado de su quietud, respondió: "¿Qué valija? No había ninguna valija aquí, y no tengo ni idea de qué dinero me está hablando". Furioso por su pérdida, el joven le acusó: "Usted se ha llevado mi valija; yo la dejé aquí al lado de este banco. Tiene que habérsela llevado. ¡Devuélvamela!". El joven golpeó al tercer hombre, quien también le dio algunos puñetazos en su defensa. Finalmente, exasperado y exhausto, el joven se marchó.

El estudiante estaba más perplejo que nunca. Al día siguiente, fue a ver al Baal Shem Tov y le dijo: "Después de lo que vi, y después de haber reflexionado mucho, he llegado a la conclusión de que no hay justicia en este mundo y que debemos esperar al Mundo por Venir". El Baal Shem Tov respondió: "Dime lo que viste". El estudiante le relató lo que había visto en el parque y cómo había llegado a su conclusión.

El Baal Shem Tov respondió lo siguiente: "El Rey David tenía razón cuando dijo: 'Tenemos ojos, pero no vemos, y oídos, pero no oímos'. Claramente, la escena del parque cuenta la historia de una vida pasada. Verás, el primer hombre y el segundo hombre eran socios. El primer hombre le robó dinero a su socio, el segundo hombre. Ahora, en esta vida, el segundo hombre ha recuperado su dinero".

Al empezar a ver el panorama con más claridad, el estudiante preguntó: "Pero, ¿qué ocurre con el tercer hombre, que recibió una paliza simplemente por estar sentado en el banco?". El Baal Shem Tov le explicó: "Él era el juez que falló a favor del socio que robó en la vida pasada".

La lección que el Baal Shem Tov compartió con su estudiante y con nosotros es que no hay ninguna situación en la vida, ninguna escena que se esté representando, que sea fortuita. El cosmos es un algoritmo perfecto; no comete errores. Nosotros los cometemos.

ENTENDER EL VIAJE DEL ALMA

Érase una vez dos orugas que eran las mejores amigas; pasaban todo el tiempo juntas, haciendo las cosas que hacen las orugas. Cada mañana, se encontraban y emprendían nuevas aventuras. Una mañana, la mayor de las dos no llegó. La otra oruga miró por todas partes, pero no pudo encontrar a su amiga. Después de un tiempo, simplemente se dio cuenta de que su amiga no iba a volver, y esto la puso triste. Llorando, miró hacia arriba y vio a una bonita mariposa que venía a sentarse a su lado. La mariposa dijo: "¿Por qué estás llorando? No te he dejado, sólo me he transformado en una mariposa".

Al aceptar la inmortalidad, crecemos para entender que el alma adopta diferentes formas a lo largo de sus muchas encarnaciones. Aunque podamos echar de menos a nuestros seres queridos, ellos simplemente están viviendo la siguiente evolución en el viaje de su alma.

REVELA TU POTENCIAL MÁXIMO

El Netziv (Rav Naftalí Tzvi Yehuda Berlín) era un gran sabio que vivió durante el siglo XIX. Era un genio de las finanzas, muy activo en todos los asuntos de iniciativas económicas, y se le conocía por invertir gran parte de su tiempo concibiendo nuevas formas de aumentar su riqueza. Sin embargo, con todo lo que tenía, no era una persona muy generosa.

Una noche, el Netziv tuvo un sueño. En el sueño vio a dos ángeles hablando; un ángel le decía al otro: "¿Debemos mostrarle lo que está destinado a alcanzar —todo lo que *no* está haciendo— en esta vida?".

El otro ángel respondió: "Sí, abramos la cortina y mostrémosle". Y entonces abrieron la cortina, y todos los libros que el Netziv estaba destinado a escribir y todas las personas que estaba destinado a influenciar con su sabiduría espiritual se mostraron ante él.

En el sueño, el Netziv vio un ángel blanco luminoso sentado a los pies del Trono de Dios, y el ángel le preguntó: "¿Dónde están los libros? ¿Dónde están las obras espirituales que estás destinado a realizar y todas las personas a las que vas a llegar a través de tus escritos?".

Él se vio a sí mismo respondiendo: "Ya sabes, tenía muchos trabajos en marcha…".

El ángel de Dios dijo: "¿Crees que Dios te dio una mente tan grande para que adquirieras un saco de oro? ¿Piensas que obtener riqueza es la razón por la cual te puso en este mundo?".

Tras despertar de su sueño perturbador, el Netziv juró cumplir su propósito, tal como los ángeles le habían revelado.

A la noche siguiente, el Netziv tuvo otro sueño; los ángeles vinieron de nuevo a él y dijeron: "Bendito seas en este mundo y en el siguiente". El Netziv, cumpliendo con su promesa, fundó una escuela con muchos estudiantes y escribió muchos libros. Sus estudiantes transmitieron la historia del Netziv a través de las generaciones para enseñarnos una valiosa lección sobre el cumplimiento de nuestro propósito en esta vida. La tarea más importante que tenemos ante nosotros es preguntar siempre cuál es nuestra misión, y luego ir y cumplirla.

NUNCA ES DEMASIADO TARDE

Hay algunas personas de mediana edad, o incluso mayores, que después de haber logrado mucho, descubren que quieren o necesitan hacer un cambio. Leonardo da Vinci fue un ingeniero y arquitecto militar antes de pintar la Mona Lisa y La última cena. Ronald Reagan fue actor de cine antes de entrar en la política, convertirse en gobernador de California y más tarde en presidente de Estados Unidos. Estos cambios tardíos en la vida a menudo llevan a mayores logros de los que hubiera permitido el camino inicial.

De la Biblia entendemos que Avraham tenía cien años cuando se convirtió en líder espiritual de una nación (Génesis 18:10-12). Podemos considerar esto un cambio de vida muy drástico por el cual pasar a tan avanzada edad, al fin y al cabo, nunca hemos oído, ni siquiera dicho: "¿Cambiar? ¿Yo? ¡Soy demasiado mayor para esto!". La verdad sea dicha, la historia respalda el hecho de que no importa lo mayores que somos o cuánto pensamos que hemos progresado, pues siempre tenemos ante nosotros la oportunidad de salir de nuestra zona de confort y aceptar la responsabilidad de la Luz que hemos traído para compartir con el mundo.

A cada uno de nosotros se nos ha concedido una cierta cantidad de tiempo, así como la capacidad, en el cuerpo físico que alberga nuestra alma, de hacer buenas acciones. Sin embargo, una y otra vez, cuando se nos presenta un nuevo desafío, nos escondemos de él y decimos: "No estoy preparado para esto" o "Eso ya lo he hecho" o "No confío en que este sea el camino que he de tomar". En respuesta a estas preguntas, el universo, a su vez, pregunta: "¿Qué empujará a esta persona contra la pared para que la Luz que hay en su interior pueda ser extraída y compartida con el mundo? ¿Cómo puedo llevar a esa persona a cambiar?".

Avraham fue uno de los astrólogos mejor dotados de todos los tiempos. Según lo que veía en las estrellas, creía que no tendría hijos. Pero sabemos, por supuesto, que sí los tuvo. El Creador le dijo a Avraham que las estrellas inclinan, pero no obligan. Debido a la transformación espiritual de Avraham —a la edad de cien años—, pudo cambiar su destino.

Es importante que sepamos que podemos cambiar la dirección de nuestra vida; no todo lo que está planificado en los Cielos requiere llevarse a cabo. Por ejemplo, aceptamos como un hecho que la Tierra gira alrededor del Sol. Sin embargo, en Josué 10:12 está escrito: "Entonces Yehoshúa habló al Eterno el día en que el Eterno entregó a los amorreos delante de los hijos de Israel, y dijo en presencia de Israel: 'Sol, detente en Gabaón, y tú, Luna, en el valle de Ajalón'. Y el Sol se detuvo, y la Luna se paró...".

Aquí aprendemos que el Creador hizo una excepción: todo aquello que en el mundo natural es cierto y fijo, dejó de serlo.

Lo mismo ocurre para nosotros. Nacemos con un curso trazado, pero ese curso puede ser alterado con base en nuestra conciencia, palabras y acciones.

No existe un decreto que diga: "Así es como será mi vida", porque tenemos el poder de cambiarla.

TRABAJO ESPIRITUAL

Encuentra la plenitud verdadera a través
de la autotransformación

AHORA ES EL MOMENTO

Muy a menudo pedimos al Creador que cumpla nuestro deseo, que nos dé "algo" que queremos: la chica, el chico, la casa, el hijo, la carrera profesional, el bienestar que deseamos, incluso el milagro que necesitamos. Y habitualmente, cuando pedimos, ¡lo queremos ya!

¿Y qué hay de lo que el Creador nos pide a nosotros? ¿Qué hay de nuestro trabajo espiritual? ¿Qué hay de convertirnos en la persona que estamos destinados a ser? Cuando nos toca a nosotros dar de nuestro potencial, solemos decir algo como: "Sí, por supuesto, cambiaré; me resistiré a enfadarme. Pero Dios, recuerda, el cambio no ocurre de la noche a la mañana. Dame tiempo".

¿Por qué esperamos entonces que el Creador nos dé lo que le pedimos de forma instantánea si nosotros no hacemos los cambios que necesitamos hacer ahora? El Creador actúa como nuestro espejo: lo que damos es lo que recibimos, en igual medida. Si somos inmediatos en todo lo que estamos destinados a hacer, entonces el Creador será inmediato en lo que le pedimos. Sin embargo, si hay un lapso de tiempo entre nuestra decisión y nuestra acción, entonces podemos esperar un lapso en la respuesta del Creador a nuestra petición.

Si queremos que el Creador sea rápido en Su respuesta, entonces necesitamos actuar con rapidez. Si tenemos un problema con el enojo, en el furor del momento puede que nos hayamos sentido inclinados a ser más tolerantes con nosotros mismos creyendo que nuestra ira está justificada por la situación. En su lugar, podríamos decidir: "Ahora voy a ser diferente, y de ahora en adelante, las cosas serán distintas".

Cada situación ofrece una oportunidad de empezar una nueva página, un nuevo capítulo. Porque espiritualmente hablando, cada día que no avanzamos con nuestra transformación, en realidad estamos retrocediendo.

Cada uno de nosotros tiene un alma que está en exilio de la Luz debido a nuestro sistema reactivo. Sin embargo, también fuimos creados con la capacidad para superarlo ahora mismo. Cuando lo hacemos, estamos en condiciones de pedir lo que queremos ahora mismo.

SUPERA LOS DESAFÍOS

Cuando el Faraón dejó que los israelitas abandonaran Egipto, está escrito que "Dios hizo que el pueblo diera un rodeo por el camino del desierto, hacia el Mar Rojo". Se nos cuenta que había un camino más corto, ¿por qué eligió Dios entonces la ruta más larga? Dios dijo: "No sea que el pueblo se arrepienta cuando vea guerra y se vuelva a Egipto" (Éxodo 13:17). Aunque el camino más largo tenía más dificultades severas, evitaba que la gente encontrara el camino de regreso a Egipto.

Qué concepto tan extraño. ¿Por qué querría el pueblo volver a la tierra de su esclavitud? Claramente Egipto no representaba un país sino una conciencia, y la ruta de Dios no era puramente geográfica; era una ruta espiritual. La lección aquí es entender que alcanzar un nivel superior de conciencia, un nivel que deja la esclavitud personal atrás, significa aventurarse hacia lo desconocido. De la misma forma que los israelitas querían volver a Egipto, a menudo preferimos regresar a nuestro propio "Egipto", donde nos sentimos seguros, aunque signifique volver al caos. Pues al menos en nuestro propio Egipto nos sentimos como en casa; sabemos lo que podemos esperar. Si viajamos por una ruta nueva no tenemos ni idea de lo que aparecerá ante nosotros o cuál será el resultado final. Para nuestro propio beneficio, a veces el Creador tiene que desviarnos hacia el camino inesperado porque evita que regresemos al caos que dejamos atrás.

Aunque puede que todos queramos quedarnos en nuestro camino espiritual y cumplir con nuestros compromisos, la vida se impone, surgen desafíos, y pronto puede parecer más fácil volver al lugar donde empezamos. Cuando esto ocurre, debemos recordar que cada desafío que nos encontramos es parte del diseño del Creador para ayudarnos a crecer y a cambiar. Cuanto más arduo es el camino, más oportunidades nos ofrece de enmendar nuestros hábitos. Cuanta más negatividad hay en una situación, más potencial hay para revelar Luz.

¿Estamos comprometidos a escapar de nuestro Egipto personal? La ruta está establecida: la tarea consiste en dejar nuestra esclavitud atrás, seguir avanzando y no mirar atrás.

PRACTICA LA RENDICIÓN ACTIVA

Hay una especie de rendición cuando clamamos al Creador: "¡Me entrego a Ti! Lo suelto". Esta es una rendición pasiva. Hay otra forma de rendición: la rendición activa. Con la rendición activa, estoy preparado para aplicar lo que he aprendido y dispuesto a hacer lo que sea que tenga que *hacer* para alcanzar la elevación espiritual. Esto significa soltar el viejo hábito de ser una víctima y cambiar activamente mi mente de la creencia de que las cosas *simplemente suceden* al conocimiento interior profundo de que nada, absolutamente nada, simplemente sucede.

La rendición activa es la sólida certeza que viene de hacer el trabajo espiritual. Cuando la vida me lanza un golpe, me rindo con una conciencia activa al hecho de que este golpe es perfecto y me da exactamente lo que necesito ahora mismo. Sé que digo esto muchas veces, de distintas maneras, y lo hago porque desarrollar este tipo de alineación espiritual requiere de una gran práctica y repetición. Con la rendición activa, no hay duda, ni hay un entendimiento intelectual. Sólo hay un conocimiento de que lo que está sucediendo ahora es el resultado de algo que hice en esta vida o en una vida pasada, o que esta situación específica, con todos sus recovecos, está destinada a llevarme hacia una mejor versión de mí mismo.

La rendición activa no viene de un punto de fracaso. La rendición activa significa tener certeza a pesar del caos aparente; es sentir la Luz dentro de la oscuridad. Incluso ante la enfermedad, la bancarrota, relaciones familiares rotas, perseveramos activamente: "Acepto y me entrego a un poder superior que a partir de esto me traerá algo mejor". Aunque puede que no sepamos el por qué, nos rendimos con certeza.

En la Biblia, encontramos a Yosef como el conducto de *Yesod*, uno de los niveles espirituales del Árbol de la Vida kabbalístico. El Árbol de la Vida tiene diez niveles o *Sefirot*, y cada nivel es una emanación diferente de la Fuerza de Luz de Dios. *Yesod* flota justo por encima del nivel más bajo, *Maljut*, nuestro mundo físico, y es el canal de la abundancia espiritual que trae Luz del Mundo Superior a la oscuridad del mundo físico. La vida de Yosef fue un relato de rendición activa; se enfrentó a todos los actos de injusticia y traición con dignidad y gracia. Cuando sus hermanos lo vendieron como esclavo, se convirtió en supervisor de los sirvientes de un hogar prominente. Cuando fue injustamente arrestado y enviado al calabozo, se convirtió en alguien apreciado allí. Finalmente, se ganó toda la abundancia y toda la Luz que era su destino. Fuera cual fuera la situación, se elevaba a lo más alto, como el aceite; nunca perdió la fe en el camino que la Luz tenía para él. Mantuvo la fortaleza y la certeza sabiendo que en cualquier lugar donde estuviera, cualquier cosa que le hicieran, había una razón para ello. Esta conciencia de rendición activa ante el cincel del Creador lo convirtió en un canal eterno de la abundancia para toda la humanidad.

Cuando la mano del Creador viene para formar nuestra fuerza, debemos trabajar activamente para saber que hay un plan superior y una razón por la cual nos encontramos en esta posición. Con la rendición activa, podemos elevarnos por encima de cualquier situación y descubrir nuestro destino, aunque parezca que las cosas no están saliendo como nosotros queremos.

ENCUENTRA TU CAMINO HACIA EL SIGUIENTE NIVEL

En la porción bíblica de *Lej Lejá*, el Creador le dice a Avraham que abandone su hogar, sin embargo, no le informa adónde tiene que ir (Génesis 12:1). Si Dios estuviera dando instrucciones a Avraham para trasladarse, ¿por qué no habría de decirle adónde debía ir?

Espiritualmente, cada ser humano está internamente conectado a su siguiente nivel, con un profundo conocimiento de dónde está destinado a ir en esta vida. Aunque la Luz está omnipresente para nosotros, si una persona está estancada, o atada a algo sin poder soltarse, depende del individuo mirar hacia dentro y descubrir cuál debe ser el paso siguiente. Esta es la razón por la cual los sabios de la Kabbalah nos dicen que no puede haber coerción en la espiritualidad. Para ganarnos la Luz, la decisión debe ser nuestra. Cada uno de nosotros es responsable de tomar acción y crear una dirección en su vida.

La pregunta es: si el Creador no nos dice adónde ir, entonces, ¿cómo podemos saber la manera para llegar al siguiente nivel?

Cuando sabemos que podemos hacer algo más de lo que estamos haciendo ahora, y luego una puerta se abre para nosotros, sabemos que esa es la puerta que estamos destinados a cruzar.

Dios siempre está ahí, llamando a nuestra puerta, diciéndonos que vayamos a otro nivel y nos convirtamos en más de lo que somos.

¿Estamos escuchando? ¿O estamos limitándonos, quedándonos en un lugar porque es cómodo aunque quizá no sea el mejor para nosotros?

DESARROLLA TU INTUICIÓN

Desarrollar nuestra intuición significa desarrollar nuestra capacidad de escucha: escuchar a los demás y a nuestra propia voz interna. Es un tipo de trabajo diferente al que estamos acostumbrados. Nuestra sociedad tiende a enfocarse más en la comunicación externa, como hablar o escribir, y menos en las capacidades internas como escuchar.

La intuición crece cuando aceptamos nuestra naturaleza interna y vamos más allá de las preocupaciones, los miedos y los intereses personales. Crece cuando aprendemos a sacarnos a nosotros mismos de la ecuación, viendo las cosas como un observador en lugar de como un participante, mientras que al mismo tiempo sentimos empatía por los demás.

Cuando estamos en un espacio de intuición, trabajamos desde el chakra del Tercer Ojo, que se encuentra justo entre las dos cejas, en la frente. A través de este centro de energía, podemos dirigir la energía hacia todo nuestro cuerpo. Nos permitimos operar desde un lugar interno en lugar de hacerlo desde fuerzas externas, como lo que otros piensan o esperan de nosotros. Cuanto más podemos hacer esto, entonces, absolutamente, más intuitivos nos volvemos.

Operar desde una conciencia intuitiva es una humilde reverencia al entendimiento de que cada uno de nosotros es una pieza de energía que ha venido a este mundo en un cuerpo físico. La Luz de la cual podemos formar parte, y que podemos compartir, no es sólo nuestra: es la energía que nos conecta a todos como una sola alma; es la energía que insufla vida a todo lo que existe. Solos, por nosotros mismos, somos finitos. Al pedir al Creador que nos ayude a abrir este Tercer Ojo para ver con amabilidad e inspiración, podemos crear una empatía entre nosotros mismos y los que nos rodean, sabiendo cuándo decir las cosas adecuadas, y cómo sentir el dolor de los demás para poder ayudarlos.

Es realmente importante, especialmente en estos tiempos, que al despertar que viene de nuestro crecimiento espiritual se le permita entrar a través de este chakra del Tercer Ojo, y desde ahí al resto de nuestro ser.

ACEPTA EL CAMBIO CONSTANTE

"Y sucedió que en el segundo año, en el segundo mes, el día veinte del mes, la nube se levantó de sobre el Tabernáculo del Testimonio. Y los hijos de Israel partieron, según su orden, del desierto de Sinaí; y la nube se detuvo en el desierto de Parán. Y partieron la primera vez conforme al mandamiento del Eterno por mano de Moshé".
—Números 10:11-13

"¡Sigamos adelante!", dijo Moshé a los israelitas después de haber estado en el Monte Sinaí por un poco más de dos años. ¿Por qué quería Moshé que partieran? El Monte Sinaí era uno de los lugares más sagrados, más llenos de Luz espiritual. Allí fue donde se le ofreció al mundo la totalidad de la energía espiritual a través de la entrega de la Torá: la mayor revelación de Luz de todos los tiempos. Aun así, Moshé dijo: "¡Vamos, sigamos adelante!".

La Biblia nos enseña esta lección de muchas maneras, a través de diversas historias, y esta es una lección que no puede repetirse lo suficiente. Podemos creer que estamos donde debemos estar, sin embargo, para crecer, tenemos que dejarlo todo atrás, aunque sea difícil y parezca poco razonable.

Generalmente, no vemos adónde debemos ir inmediatamente, puede tomarnos años hasta que se vuelva obvio. Esencialmente, hay un nivel de conciencia que crece en nosotros antes de que podamos tener perspectiva sobre dónde estábamos y lo que todavía nos queda por desarrollar. Esto no es algo que pueda ser enseñado; simplemente es una evolución de la conciencia que sólo podemos entender cuando miramos en retrospectiva. Como un adolescente que mira a un bebé de un año, no hay mucho que puedas enseñar a un niño sobre cómo caminar y hablar; se trata simplemente de un proceso de desarrollo que no tiene ningún atajo. La conciencia funciona de la misma manera; no se nos puede enseñar un nuevo nivel de conciencia antes de que sea nuestro momento.

Aprendemos a través de circunstancias que nos empujan fuera de nuestra tierra, nuestra zona de confort, nuestra conciencia, e incluso áreas que están llenas de Luz. Esto puede ser muy doloroso, pero así es como crecemos y cómo la Luz se revela a través de la oscuridad.

RECONOCE TU PODER

Cuando el Rey David estaba de camino a Bahurim, en un punto del viaje un hombre llamado Shiméi, el hijo de Gerá, del mismo clan que la familia del Rey Shaúl, apareció y maldijo al rey. Y no se detuvo ahí; también tiró piedras al Rey David y a sus oficiales (Samuel 2, 16:5-6).

Uno de los hombres del rey le dijo: "Déjame que vaya allí y le corte la cabeza".

El Rey David le pidió que no lo hiciera, y le dijo: "Déjenlo, que siga maldiciendo, porque el Eterno se lo ha dicho. Quizá el Eterno mire mi aflicción y me devuelva bien por su maldición de hoy" (ibidem 11-12). El Rey David y sus hombres continuaron su camino, mientras Shiméi se quedó en la montaña de enfrente, tirando piedras.

El Rey David entendió uno de los conceptos espirituales más poderosos del universo: un concepto que forma la base de todo nuestro trabajo espiritual en este camino de la Kabbalah y que, cuando se entiende y se emplea en la conciencia individual, tiene el poder de cambiar la realidad misma que percibimos. Al mismo tiempo, es un concepto que podemos recordar, pero luego olvidar rápidamente.

¿Cuál es este concepto?

Nosotros, tú y yo, cada ser humano de este planeta, somos cien por ciento responsables de todo lo que vivimos en nuestra vida. Todo: lo bueno, lo malo, lo bello, lo feo.

Como escribió el Rav en su libro *El poder del uno*:

> *El Zóhar hace entender que tenemos un universo ordenado a nuestro alrededor. Pero antes de que podamos avanzar y acceder a este universo, debemos primero deshacernos de la creencia de que somos seres humanos indefensos a bordo de un barco a la deriva en un mar de tormenta. Podemos y debemos asegurarnos a nosotros mismos que nosotros, y sólo nosotros, dominaremos el curso futuro de nuestras experiencias de vida. La vida no es un juego de azar. El azar sólo es una ilusión.*

La mayoría de nosotros aceptamos este concepto cuando se trata de asumir la responsabilidad de nuestras palabras y nuestro comportamiento. Somos buenos diciendo: "Está bien, lo hice y ahora estoy lidiando con los efectos de lo que hice". Sin embargo, la responsabilidad de la que estoy hablando es más completa que esto.

Cuando nos enojamos y hablamos mal a alguien, cuando nos negamos a extender dignidad humana a las personas que nos rodean o cuando no nos importan las cosas como deberían importarnos, creamos una pequeña bola de energía negativa que no desaparece. La ley de la conservación de la energía, descubierta por Julius Robert von Mayer en 1842, nos dice que la energía no puede ser destruida, simplemente cambia de forma. La energía negativa que creamos a través de nuestra reactividad permanece en alguna parte de la computadora llamada nuestra vida, y generalmente no sentimos su presencia hasta que vuelve como un búmeran a nuestra experiencia en la forma de algún tipo de caos. Aun entonces, puede que sepamos o no cuándo lo hicimos o qué hicimos para crearlo, porque es un resultado de algo que hicimos involuntariamente o en otra vida; no es que conscientemente lo hayamos puesto ahí. Pero desde entonces han pasado diez años, y podríamos encontrarnos enfrentando alguna forma de juicio en nuestra vida. Entonces culpamos a un grupo de individuos o circunstancias por el juicio, porque no vemos que la razón por la cual nos encontramos en nuestra situación actual es el resultado de los datos que introdujimos en otro momento.

Cuando enfrentamos caos, confusión, enojo u odio, es porque en algún momento de nuestro camino hicimos algo para bloquearnos de la Fuerza de Luz del Creador, y estamos percibiendo los efectos de ese bloqueo. Aunque puede que no identifiquemos cuándo, por qué u otros detalles específicos sobre las circunstancias originales que lo ocasionaron, aun así estamos aquí de vuelta para asumir la responsabilidad, eliminar la cortina que nos bloquea y, de esta forma, cambiar nuestra experiencia.

Un concepto espiritual que se utiliza a menudo al describir la festividad de *Yom Kipur* es la expiación, que el diccionario Merriam Webster define como "reparación de una ofensa o injuria". Kabbalísticamente, este concepto puede entenderse como ser uno con la Luz del Creador[1]. Pero esta unidad[2] no está reservada para un solo día del año. Más bien es un proceso al cual debemos dedicarnos diariamente, y una de las herramientas más poderosas para cambiar nuestra realidad.

Cada vez que experimentamos una reacción que está en desacuerdo con la Luz infinita de puro amor y compartir, en realidad se nos está presentando un momento para regresar a la unidad[3] con el Creador. Las personas y situaciones en nuestra vida —y, de hecho, en todas nuestras vidas— son simplemente agentes para despertar esos lugares en nuestro interior que todavía necesitan ser reparados. A medida que hacemos este trabajo de reparación, más bendiciones, amor y energía pueden fluir a través de nosotros.

La razón por la cual el miedo, el enojo, el odio o el resentimiento aparecen en nuestro interior en una ocasión determinada es porque esos momentos —por motivos que están más allá de nuestro entendimiento— son el momento perfecto para asumir la responsabilidad de éstos y liberar un poco de espacio en nuestro disco duro.

---

[1] (N. del T.) La autora está usando un juego de palabras que sólo funciona en inglés. La palabra que usa en inglés es *atonement* que significa expiación y, al mismo tiempo, si se divide como *at-one-ment* significa ser uno con la Luz del Creador.
[2] Ibid.
[3] Ibid.

El punto más importante de este proceso es entender que la expiación no se trata de culpa. ¡Ya basta de purgas! La autorresponsabilidad se trata de liberarnos en un nivel muy profundo: liberarnos de las semillas kármicas que hemos plantado en esta vida o en una vida anterior. La culpa y la vergüenza nos impiden hacer verdaderamente este proceso. De hecho, la culpa y la vergüenza son bloqueos que debemos expiar.

Todas las herramientas que utilizamos en el Centro de Kabbalah —el *Zóhar*, los 72 Nombres de Dios, la meditación del *Aná Bejóaj*, incluso participar en eventos que celebran ventanas cósmicas en el tiempo— están aquí para ayudarnos a alcanzar esta unidad con la Fuerza de Luz. El Rav se refería a las festividades como "días completos"[4] porque son períodos en los que podemos utilizar herramientas espirituales específicas, reveladas por los antiguos kabbalistas, para ayudarnos a regresar a nuestra completitud original, nuestra unidad con el Creador.

---

[4] (N. de T.) Rav Berg usaba este juego de palabras en inglés. *Holy* es "santo" y *wholly* es "completo", cuando se pronuncian suenan igual y se refiere a que ser santo en realidad significa ser completo.

ACEPTA TU PROCESO

"Haz lo que puedas, con lo que tengas, allí donde estés".
—Theodore Roosevelt

Esta es una poderosa lección de nuestro propósito espiritual aquí en la Tierra: la misión de perfeccionar nuestra alma. Se nos ha dado todo lo que tenemos —nuestros rasgos, nuestras limitaciones, nuestros dones, nuestras dificultades, nuestros talentos— para que seamos capaces de transformarnos desde dentro.

En la porción bíblica de *Vaetjanán*, Moshé relata su interacción con Dios: "Y yo rogué al Eterno en aquel tiempo, diciendo: 'Eterno, Dios, Tú has comenzado a mostrar a Tu siervo Tu grandeza y Tu mano poderosa; porque ¿qué dios hay en los Cielos o en la Tierra que pueda hacer conforme a Tus obras y conforme a Tus poderosos hechos? Te imploro que me dejes cruzar y ver la buena tierra que está al otro lado del Jordán, esas hermosas montañas y el Líbano'".

Tal como Moshé relata en el siguiente versículo, Dios no le concedió su aspiración: "Pero el Eterno se enojó conmigo a causa de ustedes [los israelitas], y no me escuchó; y el Eterno me dijo: '¡Basta de eso! No me hables más de este asunto'" (Deuteronomio 3:23 – 3:25).

El *Midrash* explica que Moshé fue a rezar 515 veces por esta aspiración. Curiosamente, *Vaetjanán* es también una de las diez palabras hebreas que significan "oración".

¿Por qué necesitó Moshé rogar tanto para ir a aquella tierra? Con todo lo que había hecho por la nación, ¿por qué tuvo aún que implorar al Creador esta petición aparentemente pequeña? Cuando la hermana de Moshé, Miriam, estuvo enferma de lepra, Moshé le exigió al Creador: "Cúrala ahora", y ella fue curada. ¿Cómo pudo Moshé por una parte ser tan arrogante y exigente, y al mismo tiempo estar tan inútilmente desesperado?

Moshé sabía que había alcanzado un nivel espiritual tan elevado que, si hubiera entrado en Israel, habría ocasionado la unificación perfecta del mundo físico con el mundo espiritual; una unificación que habría resultado en la paz global y el fin del dolor, el sufrimiento y la muerte. "Moshé, no puedes entrar en la tierra porque tu acción creará unidad completa en todo el mundo. Sin embargo, la gente no ha acabado de corregir sus propios aspectos negativos. Cada persona necesita pasar por su propio proceso para completar su misión espiritual. El Creador le dijo también a Moshé que nadie puede asumir el proceso de otro porque cada alma es una roca tallada de la misma montaña Divina, cada uno necesita hacer su parte para regresar completo a la montaña".

Para nosotros, esta es una lección profunda. ¿Rechazamos nuestro propio proceso? ¿Cómo podemos transformar nuestros pensamientos limitados como: "Qué puedo yo hacer, estas son mis circunstancias y así nací, no tengo elección"?

La cuestión es que mantener estas creencias significa que ponemos a otro dios ante nosotros, y este dios es la conciencia de víctima a la que damos el poder, lo cual yo llamo *victimología*.

El primero de los Diez Enunciados dice: "Yo soy el Eterno, tu Dios, que te sacó de la tierra de Egipto, de casa de servidumbre. No tendrás dioses ajenos delante de Mí" (Éxodo 20:2-3). ¿Qué significa esto en la práctica? Cuando aprendemos Kabbalah, descubrimos que el Creador nos ha dado la capacidad de ser la causa y no el efecto, no la víctima. "Te he sacado de tu propia esclavitud. Te he proporcionado las herramientas espirituales para corregir y crear con lo que se te ha dado, sea mucho o poco".

Cualesquiera que sean nuestras herramientas, nos fueron entregadas por el Creador para permitirnos cambiar, pues ya no somos esclavos.

No hay víctimas en el camino de Dios. La esclavitud son los otros dioses.

Sean cuales sean nuestras circunstancias, siempre podemos aplicar nuestra conciencia para convertirnos en la causa a través de compartir y hacer nuestra parte para traer la Luz a este mundo.

TEN CERTEZA EN QUE LAS COSAS MEJORARÁN

Todos nosotros podemos ser muy espirituales cuando las cosas van bien. Pero cuando las cosas van mal, puede resultarnos demasiado fácil abandonar. Sin embargo, cuando se trata de asuntos de naturaleza física, aceptamos la regla de "sin dolor, no hay recompensa"; no hay ningún sustituto para el trabajo duro.

Kabbalísticamente, sabemos que las leyes físicas del universo reflejan las leyes espirituales. Esto significa que en nuestro trabajo espiritual también debemos estar dispuestos a enfrentarnos a desafíos aun cuando parezcan insuperables. Igual que el entrenamiento para aumentar la fuerza física, la fuerza espiritual viene de trabajar duro. Viene de enfrentarnos a las dificultades que el Creador pone ante nosotros como instrumentos, como pesas de un gimnasio, para ayudarnos a estar más fuertes.

Para volvernos más fuertes en nuestra conciencia y crecer hasta llegar a nuestro siguiente nivel, necesitamos realmente mirarnos a nosotros mismos y hacernos unas duras preguntas sobre quiénes somos: cuando llego al punto en que las cosas no son como se supone que deben ser, ¿cómo reacciono? ¿Tengo todavía certeza en mi camino espiritual? ¿Tengo la certeza de que hay un plan y un propósito mayores para todo, para cada acontecimiento o circunstancia? ¿Entiendo realmente que todo lo que tengo es mi capacidad de ascender por la escalera espiritual? ¿Y entendiendo realmente que cuando lo hago, revelo Luz en el mundo? Cada vez que me siento menospreciado y los otros me dicen "no podrás lograrlo" o "no lo conseguirás", ¿tiro la toalla o lo veo como una oportunidad y sigo adelante?

Hay una simple historia kabbalística que nos recuerda que en cada dificultad hay un regalo.

Una vez había un hombre en quien el rey confiaba y a quien apreciaba; los consejeros del rey estaban muy celosos de este amigo. Cuando el rey tuvo que partir de viaje, le pidió únicamente a su amigo de confianza que vigilara el palacio. Mientras el rey estuvo ausente, los consejeros celosos difundieron historias maliciosas sobre este hombre y consiguieron que fuera azotado por traidor. Cuando el rey regresó y se encontró a su querido amigo apaleado y sangrando, exigió saber qué había sucedido y quién le había hecho todo aquello.

El hombre respondió: "Después de tu partida, tus consejeros, que estaban celosos de mí, difundieron mentiras sobre mí y me azotaron por traidor".

"¿Cuántas veces te azotaron?", le preguntó el rey.

"Treinta y seis", respondió el hombre.

Entonces el rey tomó treinta y seis monedas de oro y se las dio a su querido amigo; una moneda de oro por cada vez que el látigo había lastimado su cuerpo. Cuando el hombre regresó a su hogar, se puso a llorar. Su esposa, confundida, le preguntó: "¿Por qué lloras ahora?".

El hombre respondió: "Desearía que me hubieran dado más azotes".

Dios nos libre de interpretar esta metáfora literalmente, pero la historia nos pide que miremos nuestras dificultades desde una perspectiva distinta, y que las apreciemos por lo que realmente son: oportunidades de revelar más de quienes somos en este mundo.

Ocurra lo que ocurra en nuestra vida está destinado a llevarnos al siguiente nivel. La conciencia que puede guiarnos a través de tiempos difíciles es: no sé por qué tengo que tomar este camino, pero sé que este camino me llevará finalmente a un lugar mejor.

Si queremos cambiar algo en el mundo físico, necesitamos hacer un esfuerzo espiritual, y estar dispuestos a enfrentarnos a los retos.

PUEDES HACER MILAGROS

Revelado en el siglo XIII, el *Zóhar* (que en hebreo significa "Esplendor" o "Brillo") es un texto espiritual que explica los secretos de la Biblia, el universo y los misterios de la vida. En la porción de *Beshalaj*, el *Zóhar* explica que Dios le dio los 72 Nombres de Dios a Moshé como medio para dividir el Mar Rojo. Los 72 Nombres de Dios no son "nombres" en el sentido ordinario de la palabra; son un instrumento metafísico para conectar con la corriente espiritual infinita que fluye a través de la realidad. Dios le dio esta tecnología a Moshé para que la compartiera con todo el mundo.

כהת	אכא	ללה	מהש	עלם	סיט	ילי	והו
הקם	הרי	מבה	יזל	ההע	לאו	אלד	הזי
והו	מלה	ייי	נלך	פהל	לוו	כלי	לאו
ועשר	לכב	אום	ריי	שאה	ירת	האא	נתה
ייז	רהע	ועם	אני	מנד	כוק	להח	יוו
מיה	עשל	ערי	סאל	ילה	וול	מיכ	ההה
פוי	מבה	נית	נגא	עמם	הושׁ	דני	והו
מוזי	ענו	יהה	ומב	מצר	הרח	ייל	נמם
מום	היי	יבמ	ראה	ובו	איע	מנק	דמב

Cuando los israelitas se encontraron ante el Mar Rojo y con el ejército egipcio aproximándose rápidamente por detrás, suplicaron a Dios que los salvara. La respuesta de Dios a los israelitas fue: "¿Por qué claman a Mí?". El *Zóhar* explica que Dios le estaba diciendo al pueblo que tenía el poder de escapar del peligro por su cuenta. Cuando Dios les dijo a los israelitas que saltaran al mar, se trataba del mensaje codificado de que la certeza es el secreto para activar el poder de los 72 Nombres de Dios.

Justo antes de que el Faraón alcanzara a los israelitas, el Mar Rojo se dividió y los israelitas cruzaron hacia la libertad. El *Zóhar* explica que no fue Dios quien dividió el Mar Rojo; fue Moshé al utilizar los 72 Nombres de Dios quien logró esa asombrosa hazaña. Sin embargo, antes de que las aguas se elevaran hacia el cielo y se dividieran, se requirió una acción física para activar el poder de los 72 Nombres de Dios. Este es el significado secreto de la respuesta de Dios: "Vayan y salten al agua". Los israelitas demostraron tener una certeza total en los 72 Nombres de Dios al caminar físicamente hacia el agua con la convicción de un resultado positivo.

Naturalmente, sus primeros instintos fueron el miedo y la duda. Pero cuando Moshé les recordó los 72 Nombres de Dios, meditaron en ellos, utilizando todo su poder mental para despertar una asombrosa fuerza espiritual. Las aguas se volvieron absolutamente calmas cuando los israelitas vencieron sus dudas y se metieron en el agua, que les cubrió hasta el cuello. Aun cuando el agua llegó hasta su nariz, mantuvieron su certeza intacta; y entonces las aguas se dividieron, dándoles paso a la libertad.

Los 72 Nombres de Dios fueron entregados en el momento y el lugar en el que se necesitaba un milagro de forma extrema, para que podamos recibir el mismo poder y utilizarlo cuando lo necesitemos en el presente. Pero no es suficiente con sólo utilizar los 72 Nombres de Dios; también significa que tenemos que estar dispuestos a arriesgarnos, a sacrificarnos, a renunciar a algo en su lugar; de otra forma el instrumento no funciona. Los 72 Nombres de Dios sólo funcionan con un sacrificio personal del ego.

Por ejemplo, puede darse una situación en la que tengamos que estar dispuestos a hacer lo que sabemos que es correcto, aun si esto significa que no seremos queridos o aceptados por todo el mundo cuando lo hagamos. El sacrificio también puede significar que debemos retener nuestra opinión y no decir cosas negativas de los demás. Sin este tipo de esfuerzo por nuestra parte, los 72 Nombres de Dios no pueden hacer que las cosas sucedan.

Para tomar el control de nuestra vida, para crear milagros donde y cuando más los necesitamos, debemos tener certeza en nuestra capacidad para influir en la materia. Dios creó este mundo para que la humanidad alcanzara el dominio sobre él con su conciencia. Tenemos que saber en lo más profundo que podemos hacer que cualquier cosa suceda, y tenemos que actuar con este conocimiento. Cuando combinamos esta conciencia con la herramienta divina de los 72 Nombres de Dios, podemos hacer que ocurran milagros.

RECUERDA QUE TU MAYOR ENEMIGO ESTÁ DENTRO DE TI

Aprendemos que Yaakov tenía miedo de su hermano Esav, pues está escrito: "Líbrame, te ruego, de la mano de mi hermano, de la mano de Esav, porque yo le tengo miedo, no sea que venga y me hiera a mí y a las madres con los hijos" (Génesis 32:11).

¿Cómo puede ser que Yaakov, un alma tan justa, uno de los patriarcas —que se convirtió en el canal espiritual de la Columna Central para todo el mundo—, pudiera albergar tanto miedo de su hermano? Después de todo, ¿no sabía Yaakov que la Luz prevalece sobre la oscuridad?

Aquí hay un secreto muy importante: Esav era la esencia y la personificación del ego. Yaakov no tenía miedo de la parte física de su hermano; Yaakov tenía miedo de su propio ego. Aun en su nivel espiritual tan elevado, Yaakov sabía que si creía ser el mensaje en lugar del mensajero, la Luz en lugar de un conducto, perdería la batalla contra la máxima fuerza destructora: el ego, también conocido como el Oponente o el Deseo de Recibir para Sí Mismo. Para Yaakov estaba claro que estaba participando en una batalla de conciencia, y su verdadera fortaleza era su capacidad para ser el canal de la Luz del Creador.

Parte de nuestro trabajo espiritual es cultivar a diario un miedo sano a nuestro propio ego. Esto era lo que le preocupaba a Yaakov. Tenía miedo de que su ego creara una ceguera espiritual y que él no estuviera conscientemente presente cuando necesitaba estarlo, perdiendo así la batalla.

Yaakov nos recuerda que necesitamos estar siempre atentos a lo que nuestro ego quiere que hagamos. Sólo hay un bloqueo en la vida de cada persona: un bloqueo que no está fuera de nosotros; es el ego que está en nuestro interior. Cuando dejemos de escuchar la voz que nos dice que sólo tengamos en cuenta nuestras propias necesidades e intereses, entonces empezaremos a probar la dulzura del potencial de nuestra alma.

DECLINA LOS CHANTAJES AL ALMA

"Y no aceptarás soborno, porque el soborno ciega a los que ven".
—Éxodo 23:8

Podemos creer que no hay oportunidades para que ocurran chantajes en nuestra vida. Pero la Biblia no se refiere aquí a los pagos físicos, sino al permiso que nos damos a diario de ser chantajeados por la energía de una emoción momentánea. Cuando obtenemos energía de los pensamientos y las interacciones, cuando nos escondemos para hacer cosas que sabemos que son malas para nosotros y para los demás, nos alimenta en ese momento. Las apariencias pueden chantajearnos. Por ejemplo, cuando las cosas físicas despiertan nuestro deseo inmediato, entonces queremos satisfacerlo. Estos son chantajes que colocan una capa sobre nuestra alma, y perdemos nuestra capacidad de ver y distinguir la verdad de la ficción.

Puede que nos encontremos en una buena relación, y entonces conocemos a una persona atractiva. Nuestro deseo primitivo puede permitirnos pensar sobre todas las formas en las que esta persona podría hacernos sentir bien. Y la pequeña voz en nuestro interior dice que no pasa nada, que sólo es un coqueteo inofensivo. O puede que estemos pagando una deuda, o ahorrando dinero para la escuela, y en el camino se despierta nuestro deseo por un nuevo aparato electrónico. Y decimos que empezaremos a ahorrar mañana otra vez… que sólo es esta pequeña cosa, y así sucesivamente. Este es el chantaje a nuestra alma.

Aquello que alimenta a nuestro ego, nuestro Deseo de Recibir para Sí Mismo, en realidad deja hambrienta a nuestra alma, porque al cubrirla interrumpe la conexión de nuestra alma con la Luz. Bloquea nuestra capacidad para ver y recibir gozo de aquellas cosas que realmente nos sirven a largo plazo. Cuando aceptamos los chantajes energéticos, creamos más cortinas que nos ciegan ante la verdad y ante nosotros mismos.

LA RESPUESTA DEBE SER SIMPLE

La Biblia nos habla de un hombre llamado Naamán, el oficial militar jefe de un rey. Naamán había enfermado de lepra y se le dijo que el profeta Elishá podría ayudarlo (Reyes II, 5). Cuando Naamán llegó para encontrarse con Elishá, no fue recibido por el profeta en persona, sino por uno de los mensajeros de Elishá. El mensajero le prescribió un simple remedio: "Debes sumergirte en el río Jordán". El mensajero se estaba refiriendo a la práctica kabbalista de la *Mikve*: una limpieza espiritual que se realiza mediante la inmersión en agua.

Tras haber recibido esta prescripción del mensajero y no del mismo profeta Elishá, Naamán se enojó. Él sintió que Elishá había sido irrespetuoso, después de todo, él era el oficial militar jefe del rey. Naamán sintió que su cargo le garantizaba una reunión personal, algo digno de mayor honor. En resumen, el consejo que Naamán estaba buscando había llegado en un formato completamente distinto al que él sentía que merecía.

Nosotros también podemos sentirnos decepcionados. Si nuestro ego no es complacido, podemos negarnos a ver que la respuesta que buscamos está frente a nosotros. Podemos no verla porque no viene con la pompa y circunstancia que habíamos anticipado o porque la respuesta puede parecer muy simple. De cualquier forma, es importante que recordemos: la Luz y la verdad son simples.

Todos pasamos nuestra vida "buscando" la verdad de una u otra forma. Lamentablemente, preferimos "buscar" la verdad a "encontrarla", porque encontrarla puede significar que tenemos que hacer algo con ella. Espiritualmente hablando, la verdad está siempre ahí frente a nosotros, pero a menudo no la aceptamos porque no nos gusta cómo está envuelta. Si podemos permanecer abiertos, podremos encontrar la solución que estamos buscando.

ENTIENDE LAS BENDICIONES Y LAS MALDICIONES

¿Qué significa realmente ser bendecido o maldecido?

A menudo caemos en la ilusión de que ser bendecido significa conseguir lo que queremos o tener lo mejor de los frutos de este mundo. Sin embargo, a veces podemos obtener lo que pensamos que queremos y más tarde convertirse en una maldición con la que debemos cargar. Para algunas personas, tener riqueza material puede ser una maldición porque están rodeadas de abundancia, pero aun así se sienten vacías y perdidas. Por otro lado, hay individuos que no tienen muchas posesiones, y aun así viven una vida plena y feliz.

Por supuesto, cuando la Biblia habla sobre maldiciones y bendiciones, no se refiere a la abundancia física sino a un nivel de conciencia.

El secreto que aprendemos en Kabbalah es que esencialmente ser bendecido o maldecido es la capacidad para ver o la ausencia de ésta. Una bendición es tener la capacidad para ver más allá del momento presente y entender adónde puede llevarnos el camino en el que nos encontramos. Ser bendecido es cuando nos sentimos conectados a un propósito mayor para nuestro ser, entendemos que nuestras dificultades son regalos y somos capaces de ver por qué necesitamos enfrentarnos a ellas.

Una maldición es una falta de visión de algo más allá de nosotros mismos, una falta de conciencia de que todo pasa para llevarnos a un nivel espiritual superior. Llevamos anteojeras, y nuestra visión limitada nos impide conectar y vivir con el conocimiento y la certeza de que hay una fuerza creativa, un sistema espiritual y un panorama más amplio en funcionamiento en nuestro destino.

Siempre que miramos a otro ser humano y sentimos celos de lo que tiene, es nuestra propia envidia la que debilita nuestra Luz, dejándonos vacíos.

La idea es simple y a la vez profunda, si nos tomamos el tiempo para pensar en ella. El castigo por nuestro enojo es el enojo mismo. La maldición de nuestros celos son los mismos celos. Es nuestra conciencia limitada la que nos mantiene encerrados, incapaces de ver la dicha y percibir lo bueno que nos rodea. En efecto, perdemos dos veces. Perdemos porque queremos lo que no podemos tener, y el enojo o la envidia que llena nuestro visor nos impide ver realmente y disfrutar de todo lo que tenemos.

Si podemos entender realmente este concepto, recordarlo y llevarlo a nuestra vida, entonces tendremos el principio de una visión completamente nueva de la vida, ¡lo cual es una verdadera bendición!

LO QUE DICES CREA TU FUTURO

Espiritualmente, entendemos que nuestras palabras son más que simplemente hablar. La Kabbalah enseña que los ángeles llevan las vibraciones de nuestros pensamientos, palabras y acciones a las cámaras de los Mundos Superiores.

Éstas transfieren lo que sale de nuestra boca y manifiestan esa energía. Nos guste o no, lo creamos o no, nuestras palabras tienen poder, y podemos usar ese poder para hacer el bien o para hacer daño. Podemos utilizar nuestras palabras para traer más Luz al mundo, para crear milagros y para ayudarnos a manifestar nuestros sueños. Al mismo tiempo, podemos utilizar nuestras palabras para hablar mal de otras personas, para menospreciar a los demás y añadir oscuridad al mundo. Cuando nos volvamos verdaderamente conscientes de este aspecto de nuestra realidad, hablaremos y actuaremos diferente. Nunca diríamos palabras como "¡Muérete!" en momentos de enojo si supiéramos que hay un ángel preparado con una espada para lastimar a alguien a quien queremos. Iríamos con cuidado de no activar esta energía diciendo cosas que realmente no queremos decir.

El *Zóhar* nos dice que nuestras vidas no se cuentan por años sino por palabras. Cuando hemos utilizado todas nuestras palabras asignadas, entonces se acaba nuestro tiempo. Sin embargo, hay una condición hermosa: las palabras que utilizamos para revelar Luz, las palabras de oración, las palabras de dignidad humana y tolerancia no se cuentan. Así pues, cuanto más espiritual y positivo sea el propósito de nuestras palabras, menos palabras gastaremos.

PUEDES DEMOSTRARTE A TI MISMO QUE LOS ÁNGELES EXISTEN

Todos y cada uno de los seres humanos tiene la ayuda y la guía de un ángel primordial durante toda una vida: un ángel de la guarda, por así decirlo. Cada vez que reencarnamos, completamos una parte del trabajo de nuestra alma. Por lo tanto, en cada vida, puesto que nuestra tarea es distinta, necesitamos cada vez un ángel distinto para que nos ayude en nuestro trabajo espiritual.

Rav Yitsjak Luria (el Arí) nos enseña que podemos invocar a nuestro ángel para pedirle ayuda. Una forma de hacerlo es entrando en estado de meditación, encontrar a este ángel a través de la práctica de la relajación. Así es como lo hacemos:

> Elige una palabra o un nombre de persona que resuene contigo y repítelo una y otra vez durante un minuto o más, o el tiempo que necesites para relajarte y enfocarte. Ahora visualiza y siente que estás caminando por un sendero de campo. En la distancia, ves una puerta. La puerta se abre de abajo a arriba, como la puerta de un garaje. Acércate a la puerta y empieza a abrirla, y mientras lo haces, pide ver a la entidad que está aquí para ayudarte.

A veces la verás, y a veces no. No necesitas forzarlo. Vendrá cuando esté preparada. Sólo continúa sentado en un espacio tranquilo y sigue llamando al ángel una y otra vez, durante todo el tiempo que puedas sin llegar a cansarte.

UNA MEDITACIÓN PARA DESAFIAR
LA GRAVEDAD

Los kabbalistas celebran una festividad conocida como *Tu Bishvat*, a la que algunas personas se refieren como "El Año Nuevo de los árboles". *Tu Bishvat* significa literalmente el decimoquinto día del mes de *Shvat*. En este día, hay una abertura cósmica para conectarse al mundo natural de los árboles y la vegetación. Cuando consideramos la forma en la que crecen los árboles, vemos que se desarrollan contra la fuerza de gravedad, contra las leyes físicas del universo. Durante esta festividad, podemos recibir el poder espiritual para vencer nuestra propia fuerza gravitatoria: aquellas cosas que impiden que nuestra conciencia se eleve. Hay una visualización que podemos utilizar para elevarnos por encima de la negatividad que hay en lo más profundo de nuestro interior y que puede estar reteniéndonos.

> Encuentra un lugar tranquilo. Siéntate cómodamente en una silla, cierra los ojos y relaja el cuerpo. Visualízate en tu mente caminando por un bello lugar en la naturaleza, un bosque o un lugar en el que sientas la pureza de la Luz del Creador. Visualiza el entorno que te rodea y mira si hay algo a tu alrededor con lo que puedas conectar realmente.

Busca algo en lo que puedas enfocarte, y luego una vez que tu mirada interna esté fijada en ello, intenta entenderte a ti mismo al conectarte con el objeto de tu atención. Puede que sientas que tu corazón está cerrado y quizá sea una piedra lo que capta tu interés. O puede que sea una hoja que forma parte de un árbol grande y hermoso. O puede que conectes con un pájaro que tiene algún mensaje para ti. Sea lo que sea, ábrete a las fuerzas naturales que te rodean. Utiliza esta poderosa energía para mirar y entender a una parte distinta de ti mismo.

Recuerda, esto es simplemente una oportunidad para ser como los árboles e ir en contra de nuestra naturaleza de forma que podamos convertirnos en las personas que verdaderamente estamos destinadas a ser.

UNA MEDITACIÓN PARA DAR LA BIENVENIDA A SHABAT

Hay un precepto kabbalístico que se realiza el viernes en la noche para dar la bienvenida a *Shabat*: la mujer o las mujeres de la casa encienden velas, y luego dicen una oración para bendecirlas. Este es un acto con un significado profundo. Kabbalísticamente, aprendemos que la mujer es la vasija que atrae Luz al hogar, y es la mujer quien manifiesta toda la energía y la pone en su lugar, ayudando a otros a crecer. Las mujeres son las que nutren al mundo. Sin la vasija, la Luz no podría revelarse en el mundo. El Sol necesita a la Tierra para reflejarse en ella con el fin de revelar su resplandor; no puede iluminar en un vacío.

A menudo me preguntan adónde debemos dirigir nuestra conciencia mientras encendemos las velas. Puedo compartir contigo lo que yo hago, y espero que tenga significado para ti también.

> Antes de encender las velas, respiro profundamente y relajo el cuerpo. Visualizo el Templo Sagrado en Jerusalén, camino hacia él y subo por las escaleras. En mi mente veo a toda la gente que quiero y los invito a que me acompañen, tomándolos de la mano mientras continúo subiendo.

Cuando llego al Templo Sagrado, conecto con mi *tsadik* (una persona justa con la que me siento conectada), y le pido que nos bendiga a todos y que se quede con nosotros durante todo *Shabat*. Siento la calidez y el amor que viene del *tsadik*. Miro a los ojos de todas las personas a las que quiero y en mi corazón les digo lo mucho que las amo.

En mi mente hago un círculo y las acerco a mí, mientras el *tsadik* se mueve por encima del círculo. Veo una luz blanca sobre el círculo que está llena del amor que estoy compartiendo. Hablando a cada una de las almas que hay en el círculo con cada vela que enciendo, medito en acercarlas más y les digo *"Shabat Shalom"*, expresando mi deseo de estar junto a ellas en *Shabat*.

LA MANERA "CORRECTA" DE REZAR

En un momento dado, durante un intenso rezo de *Yom Kipur*, me volví a mi hijo Michael y le dije: "La mitad del tiempo, cuando digo estas oraciones en hebreo o arameo, no estoy segura de estarlas expresando correctamente porque, como sabes, el hebreo no es mi primera lengua. Me pregunto si debería no decirlas, y en su lugar decir mis propias palabras e intentar conectar con el Creador a mi manera. Si estoy rezando, pero no estoy diciendo las palabras, ¿todavía hay una conexión?".

Su respuesta fue tan hermosa que quiero compartirla aquí con todos. Dijo: "No importa si pronuncias las palabras correctamente. Siempre y cuando desees alcanzar ese lugar de conexión con la Luz del Creador, entonces, aunque digas las palabras incorrectamente, el oído que está escuchando tus oraciones las cambiará y las hará correctas".

Todos cometemos errores en la forma en que rezamos y en la forma que pensamos, sin embargo, todo lo que se nos pide que hagamos es rezar con humildad, con amor y deseo, y dejar que la Luz haga el resto.

RELACIONES

Relaciónate con los demás como una chispa
Divina de Dios

HAY PODER EN LA COMUNIDAD

"Y que hagan un santuario para Mí, para que Yo habite entre ellos".
—Éxodo 25:8

El *Zóhar* nos dice que cuando el Creador le pidió a Moshé que mandara a la gente a construir un Tabernáculo en el desierto, el mensaje no sólo era construir una estructura física, sino también un espacio metafísico a través del cual cada generación pudiera conectar con la Luz. "Y que hagan un santuario para Mí, para que Yo habite entre ellos", significa crear un lugar dentro de ti, en tu corazón y tu alma, que Dios puede llenar. Eliminar la insensatez, la rabia y la negatividad. Sacar la oscuridad que te separa de Dios y de la plenitud verdadera. Borrar la depresión y el juicio. Librarse del egoísmo, la forma de ser en la cual "sólo me importo yo". Al deshacernos de estas cosas, creamos espacio para que la Luz resida dentro de nosotros.

Como todos somos parte de Dios y cada uno puede crear unidad con el Creador, la pregunta se mantiene: ¿por qué necesitamos lugares para reunirnos y conectar? ¿No podemos conectarnos en casa? La respuesta, como entendemos del *Zóhar*, es que el Creador le dijo a Moshé que creara un lugar en el que la unidad pudiera manifestarse a través de un intercambio de amor. Un lugar al que todos podemos ir cuando estamos tristes o deprimidos, cuando estamos felices

93

o inspirados, e incluso cuando simplemente sentimos el deseo de estar con las personas que comparten nuestro mismo sentir.

Por un lado, sí, podemos conectarnos con la Luz por nuestra cuenta. A cada uno de nosotros se nos entrega una cuerda de vida, y con este hilo podemos llegar a ser como el Creador. Sin embargo, tenemos nuestras debilidades como seres humanos, y requerimos otras cuerdas, otra energía para combinar con la nuestra y formar la unidad. Necesitamos un lugar compartido donde tengamos la libertad de decir: "Vaya, me equivoqué; por favor, perdóname". De la misma forma que necesitamos crear un Tabernáculo metafísico en nuestro interior, también necesitamos un Tabernáculo físico para todos nosotros.

Hay una historia sobre un kabbalista con una tremenda energía que entraba en un lugar de culto. Tan pronto llegó, le dijo a un hombre que estaba sentado en la puerta: "No puedo entrar. Está tan lleno de oración, de deseos y lágrimas de la gente, que no queda espacio para entrar".

Sorprendido y confundido, pero muy consciente del poder y la energía de este gran kabbalista, el hombre respondió: "Bueno, ¿no es eso acaso lo que queremos de un lugar de oración? ¿No queremos que esté lleno de todas estas cosas?".

"No," dijo el kabbalista. "Queremos que todo vaya a los Mundos Superiores, donde el Creador pueda recibirlo. La razón por la cual sus oraciones no se elevan es porque la gente está llorando y rezando individualmente, y no juntos como uno solo. No hay unidad en este sitio. Por lo tanto, toda esta energía se queda aquí y no puede liberarse arriba".

A través de esta historia aprendemos que nuestro poder para crear cambio —para realmente marcar la diferencia y que nuestras oraciones sean respondidas— es posible cuando formamos parte de algo más grande que nosotros mismos. Un tabernáculo, desde dentro y desde fuera, es un lugar donde podemos encontrarnos con otros en el mismo campo de juego. Es un lugar donde podemos mirarnos a los ojos los unos a los otros y amarnos. Un lugar donde podemos decir: "Lo siento", y un lugar donde podemos decir: "Estás perdonado".

ACÉRCATE MÁS A LA LUZ

El gran Kabbalista el Baal Shem Tov o el Maestro del Buen Nombre era conocido por entrar a veces en un lugar de oración y saludar a las personas con un saludo que normalmente se utiliza cuando te diriges a alguien que ha estado fuera durante tres días o más. Uno de los hombres le preguntó: "Maestro, no he salido de la ciudad. Te veo cada día. ¿Por qué cada vez que me ves me saludas siempre así?".

El Baal Shem Tov respondió: "Mientras estás rezando, ¿dónde estás? ¿Estás aquí, en el presente, pensando en cosas espirituales, o ya estás en el trabajo o de vacaciones o planificando todos tus mandados? Te saludo de esta manera para que seas consciente de estar aquí, en cuerpo y conciencia".

Esta historia nos recuerda hoy lo que el Baal Shem Tov estaba enseñando a sus estudiantes hace cientos de años: cuando rezamos, leemos de un libro espiritual, meditamos o utilizamos cualquier herramienta de conexión para generar energía para nosotros mismos y para el mundo, debemos comprobar nuestra conciencia y ver si se ha despistado. ¿Estoy en sintonía con la acción que estoy haciendo ahora mismo? ¿Estoy meditando sobre cómo puedo dar de mí mismo a los demás? ¿Estoy enfocado en lo que quiere el Creador de mí? ¿Estoy presente y soy amable con la gente que me rodea?

A fin de cuentas, nosotros somos los únicos que podemos ocasionar nuestra propia evolución. Aumentar nuestra conciencia es la forma de acercarnos a la Luz. Para elevarnos por encima de las limitaciones del mundo físico que intenta desanimarnos, debemos elegir estar presentes, escoger estar conscientes, para no perdernos las oportunidades que hay ante nosotros para compartir, aprender y transformarnos.

Si nos limitamos a caminar dormidos por la vida, estamos haciendo lo que nuestro ego quiere que hagamos, creando un circuito que no está conectado con la Luz, lo cual disminuye la Luz espiritual que nos guía. Entonces se vuelve más y más difícil que reconozcamos lo que es negativo y lo que es positivo. Y Dios nos libre de llegar a un estado de conciencia en el que no podamos reconocer la negatividad.

La Biblia habla a menudo sobre las restricciones específicas que existen para el *Cohén haGadol.* El *Cohén haGadol* es el Sumo Sacerdote y un representante del camino del Creador. Creo que cada uno de nosotros es como un *Cohén* (sacerdote). Todos somos gente de Dios. Cada ser humano ha sido infundido con una chispa del Creador. Por lo tanto, todos podemos ser como el sacerdote: un canal para alguien que nos necesita. Podemos ser una voz de compasión para alguien que necesita apoyo, podemos proporcionar sabiduría a un amigo que necesita orientación y podemos cuidar de alguien que necesita sentirse amado.

VIVIR RUTINARIAMENTE SOFOCA NUESTRA LUZ

La Biblia nos dice que cuando el Templo Sagrado formaba parte de la vida cotidiana, había ciertas costumbres y comportamientos que formaban parte de un ritual requerido. Aunque eso era siglos atrás, sabemos que la Biblia no nos da este conocimiento como una lección de historia; espiritualmente, hay cosas que podemos entender de dicho conocimiento en la actualidad.

Se explica que aquellos que venían para hacer un sacrificio en el Templo entraban por una puerta y salían por otra distinta. Puede que este pequeño detalle parezca insignificante o incluso absurdo. ¿Por qué las personas no podían salir por donde habían entrado? ¿Por qué construyeron una puerta distinta?

Cada acción asociada con las prácticas del Templo Sagrado tenía un motivo. Al entrar por una puerta y salir por otra puerta, el cambio de ruta creaba una energía diferente, lo cual evitaba que el acto de sacrificio se volviera rutinario.

En la naturaleza humana, a menudo perdemos de vista la importancia de nuestra experiencia diaria. Nos olvidamos o damos por sentada la importancia de nuestras relaciones. Nos perdemos el esplendor que nos rodea porque estamos muy enfocados en nosotros mismos. La vida se vuelve algo predecible y rutinario. Nuestra visión se vuelve limitada, y dejamos de ver todo lo que recibimos del universo. Nos olvidamos del recurso espiritual ilimitado y renovable que tenemos a nuestro alcance. No podemos ver que este es un mundo bello.

Por supuesto, ocurren cosas. Pero independientemente de lo que esté ocurriendo, cada día que vivimos es un milagro. Desde el momento en que inspiramos aire en nuestros pulmones, se nos da otra oportunidad para hacer que las personas que hay en nuestra vida sean importantes. Cuando vemos la belleza en algo, en realidad le damos vida, y revelamos Luz, de la misma forma que Adam dio vida a los animales simplemente poniendo un nombre a cada especie. La Luz que manifestamos a través de las simples acciones de dignidad humana acumula Luz en nuestra cesta espiritual.

Igual que la gente que visitaba el Templo entraba por una puerta y salía por otra, cuando dejemos este mundo esperamos salir distintos de cuando vinimos, con toda la Luz que revelamos porque existimos. Lo que quedará es la cesta de energía que hemos creado porque hemos sacrificado lo que hacemos mecánicamente y elegimos estar despiertos y conscientes de la bondad que hay en los demás y en el universo.

PRACTICA DISTINTOS TIPOS DE PERDÓN

"Si no puedo perdonarme a mí mismo
por todas las equivocaciones
que he cometido
a lo largo de los años,
¿entonces cómo puedo seguir?
¿Cómo puedo
soñar sueños de perfección?
Caminar: debo hacerlo hacia delante.
Volar: debo hacerlo hacia arriba.
Sumergirme: debo hacerlo hacia mis adentros;
para ser una vez más
lo que verdaderamente soy
y siempre seré".
—Sri Chinmoy, *My Christmas-New Year-Vacation Aspiration-Prayers (Mis oraciones-aspiraciones de Navidad-Año Nuevo-Vacaciones), Parte 21*

Hay tres tipos de perdón:

- Uno es el tipo de perdón que pedimos al Creador por las cosas que hemos hecho que han dañado nuestra conexión con Él. Le pedimos que nos guíe para evitar volver a la misma conciencia, y que nos ayude a llenarnos de energía para que no tengamos la necesidad de hacer lo mismo de nuevo.

- El segundo tipo de perdón es el que pedimos a otras personas por el daño que les hemos causado. Necesitamos encontrar el lugar en nuestro interior donde podemos cambiar nuestra actitud hacia aquellos a quienes lastimamos a través de descubrir el ego que creó la separación entre nosotros. Es importante que pidamos perdón no sólo a aquellos que sabemos que nos perdonarán, sino especialmente a aquellos que puede que no lo hagan.

- El tercer tipo de perdón y el más importante es el perdón que nos pedimos a nosotros mismos. Todos nosotros tenemos una historia de vida que ha dado forma a quienes somos. Algunos de nosotros hemos tenido infancias difíciles; algunos de nosotros hemos tenido una edad adulta difícil. Sean cuales sean las circunstancias, esas son las cosas que necesitamos perdonarnos a nosotros mismos. La razón por la que pasamos las pruebas que pasamos es porque son una forma de enseñarnos, desafiarnos y empujarnos a convertirnos en quienes estamos destinados a ser. No siempre lo vemos así. Como seres humanos, fuimos creados con una predisposición a ver lo negativo, y aun así también fuimos creados con la capacidad para cambiar eso.

Hay un ritual sencillo que aprendí que puede ayudarnos a alterar nuestra conciencia.

Toma una hoja de papel y escribe todas las cosas sobre tu naturaleza por las que te sientes mal; las cosas que sientes que te están impidiendo avanzar. Pon la carta en un sobre, ¡y quémalo! Literalmente. (Por favor, hazlo de una forma segura y en un lugar seguro, donde el fuego quede contenido).

Permítete, a partir de mañana, no mirar más atrás e ir sólo hacia delante. Dite a ti mismo: "No me avergüenzo de quien soy. Dios me creó con mi Luz para que pueda compartir con los demás. Todavía no conozco el nivel de mi Luz, pero está aumentando porque estoy comprometido con mi camino espiritual".

Hay una historia sobre Rav Israel Salanter, quien una noche, mientras iba caminando a su casa, vio una luz que venía de la tienda del zapatero. Entró y vio que el zapatero estaba aún trabajando duro. La vela que estaba iluminando el lugar estaba parpadeando y llegando a su fin. Rav Israel le preguntó al zapatero: "¿Por qué debes trabajar hasta tan tarde?".

El zapatero respondió: "Mientras la llama esté aún encendida, todavía puedo hacer más, todavía puedo arreglar más cosas".

Mientras la Luz de nuestra alma siga encendida dentro de nosotros, todavía podemos cambiar y conectarnos con el Creador.

DEJA ESPACIO PARA DIOS

Afrontémoslo. Todos juzgamos. Miramos a las personas, y de alguna forma nos creemos más haciendo que los otros sean menos. Lo hacemos diciéndonos que hacen cosas que nosotros nunca haríamos. Sin embargo, si viviéramos como ellos lo hacen, si pasáramos por las cosas que ellos han pasado, seríamos en gran medida como ellos.

El problema con el juicio es que nos llena, y luego no nos queda espacio para el amor. Nos llenamos tanto de nosotros mismos —quienes pensamos que somos, a lo que creemos que tenemos derecho— que no hay espacio para otros y, lo que es más importante, no hay espacio para Dios.

El trabajo espiritual, tal como lo explican los kabbalistas, es el trabajo de desarrollarnos para llegar a ser como el Creador. Cuando nos comportamos como lo hace la Luz, estamos en realidad trayendo Luz a nuestro ser. Rav Áshlag explica que este entendimiento viene del concepto espiritual llamado Similitud de Forma:

> *Verdaderamente, la cercanía entre los cuerpos espirituales es un asunto de Similitud de Forma, así como el amor es una similitud de forma y opiniones, mientras que el odio es lo opuesto. Consecuentemente, en el momento en que usted cancela dentro de usted el Deseo de Recibir, trae su*

> *cuerpo espiritual más cerca de Su [del Creador] Esencia porque usted está totalmente en el aspecto de compartir con los demás, lo cual es el [equivalente de] dar placer a su Hacedor. Esta es la intención que usted desea satisfacer para estar preparado para el propósito final de la Creación.*
> —*Sobre la paz mundial*, capítulo 2, Aferrarse, pg. 114, Rav Áshlag

Cuando estamos en afinidad con el Creador, podemos conectar con Su Esencia. Dios nos ve a todos con nuestras imperfecciones, y sin embargo continúa, con infinita misericordia y compasión, poniendo aliento y vida en nosotros.

Al abrir nuestro corazón al amor, en lugar de abrir nuestra mente al juicio, expandimos nuestra capacidad para la Luz. Uno de mis refranes preferidos ha sido atribuido a muchos autores; aun así, para mí es simplemente un maravilloso recordatorio: "Hay tanto de bueno en lo peor de nosotros y tanto de malo en lo mejor de nosotros que no nos corresponde encontrar fallas en los demás".

SÓLO TENEMOS UN INSTANTE EN EL TIEMPO

Un estudiante de espiritualidad se acercó a su maestro y dijo: "No creo que pueda seguir en este camino por mucho tiempo. Tengo tantas preguntas sin respuesta, tantas cosas que no entiendo. Creo que, simplemente, esto no es para mí".

El maestro le respondió calmadamente: "¿Estas preguntas te surgieron antes o después de que decidieras que esto no era para ti?".

Cuando queremos dejar algo o cuando queremos hacer algo, podemos crear dentro de nuestra mente situaciones para apoyar el caso que queremos defender. Esto también es cierto en las relaciones con la gente.

Armados con nuestras preconcepciones, cerramos la puerta de nuestro corazón en lugar de dejarlo abierto para que los demás entren. Creamos lo que en el Centro de Kabbalah se conoce como una "película" que sirve a nuestras ideas y creencias. Esto nos impide ver la belleza que nos rodea; y puede robarnos relaciones y alegría.

La Biblia nos dice que Moshé le preguntó a Dios: "Te ruego que me muestres Tu gloria". Y Dios dijo: "… verás Mi espalda; mas no se verá Mi rostro" (Éxodo 33:23). Aquí el Creador le está recordando a Moshé, y a todos nosotros, que no vemos el panorama completo. El sistema espiritual fue creado de esta forma por una razón: para que podamos elegir ver más allá y elevarnos por encima de la película que hay en nuestra cabeza.

A medida que profundizamos en nuestro trabajo espiritual, recuerda que si queremos conectar con el rostro del Creador, debemos venir con preguntas en lugar de respuestas; prepararnos para nuevas experiencias, y vernos a nosotros mismos y nuestra perspectiva como infinitesimales con respecto al mundo de la Luz. La siguiente idea se suele atribuir a Sócrates: "Cuanto más sé, más entiendo lo poco que sé". El Rav también decía: "Si queremos convertirnos en alguien, entonces primero tenemos que entender que no somos nadie".

Tener un temor reverencial por todo lo que existe más allá de nuestro entendimiento, así como tener una apreciación de la presencia del Creador en nuestra vida, puede ayudarnos a superar nuestro almacén de respuestas con nuevas preguntas. Paradójicamente, alcanzar este nivel de humildad separa el ego de nuestra visión y nos permite tener un panorama más amplio.

EL AMOR ES UNIDAD

La Kabbalah utiliza un sistema de numerología en el que a cada letra del alfabeto hebreo se le asigna un valor numérico. Esta es una forma de ayudarnos a expandir nuestro entendimiento del lenguaje. Por ejemplo, la palabra *ahavá*, que significa amor, tiene el valor numérico de 13, igual que la palabra *ejad*, que significa "uno".

¿Por qué es esto significativo?

Podemos experimentar la verdadera unidad del amor de parte del Creador que nos da vida. La misma Luz Divina nos permite tener el libre albedrío para completar el proceso del cuerpo que fue creado para nuestra alma en este momento en el tiempo. Igual que la Luz requiere de una vasija con la que compartir, también necesitamos a alguien con quien compartir nuestro amor.

Cuando amor, *ahavá* (13) y uno, *ejad* (13) se combinan, dan 26. Veintiséis es también el valor numérico del Tetragrámaton יהוה: el Nombre de Dios de cuatro letras y el nivel más elevado de espiritualidad. Alcanzamos la máxima conexión con la Luz del Creador cuando dos se convierten en uno, unidos por el amor.

SATISFAZ TUS DESEOS MÁS PROFUNDOS

Para encontrar lo que nos está eludiendo, podemos empezar con observar cómo nos atamos a las satisfacciones temporales en lugar de a los dones verdaderos y duraderos de la vida. Podemos convertirnos en esclavos de las relaciones, el dinero, el trabajo e incluso a veces de las drogas y el alcohol. A menudo, estas preocupaciones se convierten en las rutas de escape de la vida real y la transformación, ya que nos permiten escondernos detrás de lo que pensamos que queremos ser cuando estamos tratando de ser algo que no somos.

Kabbalísticamente hablando, ser un esclavo de algo es negar el hecho de que formamos parte del Creador. Cada uno de nosotros tiene la capacidad de hacer lo que quiere con su cuerpo físico, sea positivo o negativo. (Todos nosotros haremos cosas negativas; no hay duda sobre eso). El asunto es entender que la plenitud que buscamos en este mundo se encuentra en el trabajo espiritual de vencer la conciencia de que la vida "se trata sólo de mí".

Si pasamos nuestros días persiguiendo cosas que no satisfacen los deseos más profundos de nuestra alma, acabaremos sintiéndonos vacíos y faltos de alegría. Si trabajamos sólo para servir al cuerpo, nos privaremos de este importante aspecto de nuestro ser. Esto no significa que necesitemos renunciar al mundo físico, sino más bien trascender su control sobre nosotros. Al final, descubrimos que la felicidad profunda y duradera puede venir sólo cuando nuestra alma está alimentada; y el alimento que satisface al alma viene a nosotros cuando conseguimos volvernos seres que compartimos de forma proactiva.

PADRES, CONÓZCANSE A SÍ MISMOS

Tengo dos hijas increíbles de mi primer matrimonio; una me ha bendecido con cinco nietos y la otra con dos. Era muy joven cuando mis niñas nacieron y no tenía el tiempo, la paciencia o la capacidad de darles tanta atención como me hubiera gustado. Aun así, siempre supieron que las amaba.

El Rav y yo criamos a nuestros dos hijos en Israel. Estábamos justo empezando a organizar nuestras vidas. Sabíamos que queríamos crear un efecto duradero en la humanidad de una forma espiritual y creíamos que la Kabbalah era la forma de hacerlo. En aquel entonces causamos mucha controversia, por lo que teníamos unos pocos miembros de nuestra familia a nuestro alrededor: no había estudiantes, ni actividades en el Centro, y muy poco dinero. Sin embargo, nuestros escasos medios se convirtieron en nuestra mayor bendición. Como estábamos prácticamente solos, teníamos más tiempo para estar con nuestros hijos. Pasábamos cada noche cantando canciones juntos. A veces el Rav nos contaba la historia sobre su caballo ficticio Silver, y sobre la granja imaginaria en la que lo montaba. Aquellos fueron los mejores años de nuestras vidas.

Hoy en día, con el ritmo rápido de vida, la mayoría de las personas no se pueden permitir el lujo de estar con su familia tanto como nosotros estuvimos. No obstante, creo que encontrar, aunque sea, una hora al día para contar a tus hijos una historia y entregarte a ellos completamente es posible e importante. Hace maravillas para ellos y para ti.

Ser padres, como la vida, no viene con un libro de instrucciones. Saber qué, cuándo y cuánto hacer por tus hijos es un reto constante y una búsqueda universal. Estas son algunas cosas que he aprendido a lo largo de los años:

- Ser padres se mide poco por lo que decimos a nuestros hijos, un poco más por lo que hacemos por nuestros hijos y mayormente por quienes somos.

- Las cosas más valiosas que damos a nuestros hijos son nuestro tiempo y nuestro ejemplo. Y con ejemplo quiero decir comportarnos como deseamos que lo hagan nuestros hijos. Si nos sentamos cada noche a tomar unas copas para relajarnos, no debería sorprendernos si nuestros hijos beben o consumen drogas. Aquello que queremos para nuestros hijos y de parte de ellos, debemos exigírnoslo primero a nosotros mismos.

- Para que los hijos estén bien y seguros, necesitan más que comida y cobijo para su cuerpo; necesitan alimentar y proteger su alma. La espiritualidad no es sólo algo que se enseña, es algo que se practica. Primeramente, nuestro papel como padres es dar a nuestros hijos lo mejor de nosotros, no de nuestras cosas. Nuestra alma, nuestro corazón y el ejemplo de nuestras elecciones son las cosas que ejemplifican lo mejor de nosotros.

• Si bien los niños necesitan energía y orientación para desarrollar un sentido de sí mismos y del mundo, también requieren de un poco de espacio sano para expresar sus propios pensamientos y aprender de sus propios errores.

• Si un niño ve o siente la presencia de algo temible, no encojas su imaginación diciendo que no existe tal cosa como "el Coco[5]". En su lugar, permíteles descubrir un mundo metafísico de forma segura, enseñándoles que hay ángeles buenos que nos protegen a todos, y que a veces también nos asustan porque no sabemos lo que son. Invéntate una pequeña oración con tus hijos para dar la bienvenida a estas fuerzas maravillosas en sus vidas. Hay bonitas oraciones en todos los idiomas para enseñar a los niños. Al hacerlo, los guías para sintonizarse con las energías cósmicas que existen a nuestro alrededor.

• Hay un ejercicio excelente que puedes hacer con tu hijo por la noche mientras él o ella está dormido. Pasa tus manos a unos cinco centímetros del cuerpo de tu hijo desde la cabeza hasta los pies, mientras eliges un color que piensas que pueda necesitar. Por ejemplo, si

---

[5] (N. del T.) En algunos paises se conoce también como "el cuco".

tu hijo/a tiene explosiones de rabia, elige un azul o un verde, que son colores que calman, y pásalos por todo su cuerpo, enviándole esa energía. Te sorprenderá ver cuánto puede cambiar el bienestar de tu hijo. Es mucho más poderoso responder a los problemas en un nivel metafísico que en un nivel físico. Asimismo, los niños menores de doce años se encuentran en estado alfa todo el tiempo, y son mucho más capaces de ser influenciados por las técnicas de elevación de la conciencia.

Es muy triste cuando los padres pierden el contacto y la conexión con el regalo más preciado que les ha dado el Creador: sus hijos. Amar y educar a nuestros jóvenes no es nuestra responsabilidad con ellos; es un regalo para nosotros.

Convertirnos en el tipo de persona que nuestros hijos respetan y desean emular no es un trabajo fácil, pero sí un trabajo amoroso. En verdad, es nuestro trabajo espiritual. Exige que seamos sinceros con nosotros mismos, pues nuestros hijos pueden ver en un minuto lo que es genuino y lo que no.

Ciertamente, la herramienta más poderosa para criar a los hijos es la capacidad de mirar en nuestro interior y decidir si somos realmente la persona que queremos ser, y si realmente compartimos nuestro ser y nuestro amor con los que nos rodean.

REVELA TU GRANDEZA

El libro bíblico de Yehoshúa (Josué) nos cuenta una reveladora historia sobre una prostituta llamada Rajav que protegió a Pinjás y a Calev para que no fueran descubiertos, y probablemente asesinados, escondiéndolos en su tejado. A cambio, Rajav pidió que a ella y a su familia se les permitiera entrar a Israel cuando los israelitas tomaran Canaán.

Rajav era una niña cuando los israelitas fueron liberados de Egipto. Ella había aprendido sobre los milagros que Dios había realizado para proteger al pueblo. Tenía la certeza de que un milagro como este volvería a ocurrir, y que ellos vencerían a Jericó y conquistarían Canaán.

Su certeza en la Luz, así como el riesgo que ella había asumido, le permitieron a Rajav entrar en una tierra en la que ni siquiera Moshé tenía permitido entrar. Rajav era una prostituta y, sin embargo, se le garantizó la redención para toda su familia como resultado de este acto.

La lección para nosotros es que nunca podemos decidir el valor espiritual de una persona, ni podemos determinar la grandeza futura de alguien por su posición actual. Nunca podemos juzgar de lo que alguien es capaz espiritualmente. A veces basta un solo acto de amabilidad y generosidad para transformar toda una vida de negatividad.

En la transformación de nuestro Deseo de Recibir para Sí Mismo en un Deseo de Compartir con otros es donde se revela nuestra grandeza. Alcanzarla puede tomarnos una vida o un momento.

Con un acto totalmente altruista, Rajav cambió el destino de toda su familia. ¿Cuál será tu acto?

SIENTE EL DOLOR DE LOS DEMÁS

Algunas personas creen que la espiritualidad significa protegernos del mundo en general para poder seguir siendo santos y puros, aislándonos con las escrituras y manteniéndonos alejados de la negatividad del mundo. Pero kabbalísticamente, el trabajo espiritual consiste en interactuar con el mundo e involucrarse con las personas. Cuanto más trabajo hacemos con y para otros —no separados de ellos—, más alto evolucionamos.

Además, cuanto más nos esforzamos por compartir e involucrarnos en la vida de otras personas, mayores son las bendiciones que recibimos de vuelta en nuestra propia vida. Hay una inspiradora lección sobre el Kabbalista y narrador de relatos del siglo XVII llamado el Maguid de Mezritch, considerado como uno de los sabios más ilustres de su tiempo. Su esposa lo animó a solicitar una reunión con el Baal Shem Tov, quien era considerado el alma más iluminada y santa de su generación. A pesar de la resistencia del Maguid, su esposa finalmente lo convenció y él accedió a viajar durante el frío invierno ruso para encontrarse con el Baal Shem Tov.

Después de un largo y difícil viaje, el Maguid llegó a la casa del sabio. Esa misma noche, durante la cena, el Baal Shem Tov afirmó: "Una vez, cuando estaba de viaje, llegamos a lo más profundo del bosque, donde no había heno para el caballo, hasta que alguien llegó y nos ofreció un poco de heno".

Naturalmente, el Maguid quedó confundido. Intentó encontrarle sentido a lo que el maestro había dicho porque a veces es difícil entender el mensaje que subyace a las palabras de un maestro espiritual. Pero fue inútil. Al día siguiente, el Maguid regresó, y el Baal Shem Tov habló de nuevo sobre su caballo. "Una vez, cuando estaba viajando bajo un sol abrasador y no tenía agua para el caballo, apareció de repente un hombre que llevaba cubetas de agua".

El Maguid entendió de estos dos mensajes que hay ayuda Divina cuando la necesitamos, y con esa simple lección se dispuso a regresar a su hogar.

Antes de partir, el Maguid se detuvo a despedirse del gran maestro. En ese momento, el Baal Shem Tov sacó los *Kitvéi HaArí* o los *Escritos del Arí*, y abrió un volumen en uno de los pasajes. Le pasó el libro al Maguid y dijo: "Enséñame lo que esto dice". El Maguid explicó la lección perfectamente y con claridad. El Baal Shem Tov leyó entonces el mismo pasaje, pero cuando lo leyó, los ángeles cuyos nombres se discutían en el pasaje aparecieron. El Baal Shem Tov se volvió al Maguid y le dijo: "Verás, no es lo que sabes, sino lo que sientes. Tu entiendes el 'cuerpo' de la Torá oculta, pero no has penetrado en su alma".

Podemos aislarnos y convertirnos en los eruditos más brillantes, citando versículos espirituales y explicándolos con nuestro entendimiento mental. Pero esto no es de lo que trata el trabajo de revelar la Luz del Creador. Para crear una revolución interna, necesitamos despertar nuestra emoción, empujarnos más allá de nosotros mismos, extendernos hacia los demás.

Puede ser tan simple como hacer que una persona se sienta mejor o más motivada para involucrarse en su relación con la Luz. En última instancia, se trata de abrir nuestro corazón y sentir el dolor de los demás. De esto trata realmente la espiritualidad.

INYECTA EL COMPARTIR EN TU VIDA

Nunca olvidaré una noticia sobre un hombre que se detuvo en una carretera remota para ayudar a dos mujeres cuyo auto tenía una rueda pinchada. Minutos después de que este buen samaritano volviera a entrar en su auto y empezara a conducir, tuvo un infarto de corazón. Las mujeres a las que justo había ayudado pudieron detener el auto, realizar una resucitación cardiopulmonar, y salvar su vida. Hay muchas maneras de ver este milagro. La conclusión es que como resultado del esfuerzo que hizo este hombre para ayudar a dos desconocidas, su vida fue salvada. Esta historia increíble revela el poder de ser compasivo y compartir.

Cuando formamos parte de algo más grande que nosotros, podemos elevarnos por encima de las cosas que nos retienen: la pesadez, la depresión, la postergación, la rabia e incluso la muerte. La compasión es nuestro cordón umbilical a la vida. Los actos de amabilidad que hacemos por otras personas activan al universo para que produzca a cambio compasión para nosotros.

El *Zóhar* explica que Avraham abrió el viaducto para la misericordia en el cosmos con sus acciones. Avraham es considerado la persona más amable y generosa que ha caminado sobre la Tierra, y se convirtió en la carroza de esta *Jésed* (Misericordia) para toda la humanidad. El camino nunca fue fácil para él. Sus pruebas fueron muchas y difíciles.

Aun así, él era un hombre de acción, un hacedor. La Biblia nos dice que aun cuando estaba sintiendo un dolor físico insoportable en pleno calor del día, Avraham seguía deseando que la gente viniera a su casa para poder servirles y realizar actos de amabilidad.

Hay mucha abundancia infundida en la configuración de este universo, mucho potencial para las bendiciones, la felicidad, el amor y la transformación, y esta energía puede ser activada con la energía de Avraham. Intentemos, de formas sencillas, incluir a los demás en nuestras gestiones diarias y traer amabilidad a todos nuestros encuentros. Quizás puedas hacer el esfuerzo de aguantar la puerta para la persona que viene detrás de ti, sonreír más en la oficina, completar esas tarjetas de agradecimiento que has tenido la intención de escribir o desviarte un momento del camino para escuchar a un amigo. La Luz siempre proporciona oportunidades si estamos abiertos a ellas.

LUZ

Elévate por encima de la oscuridad
para ser la Luz

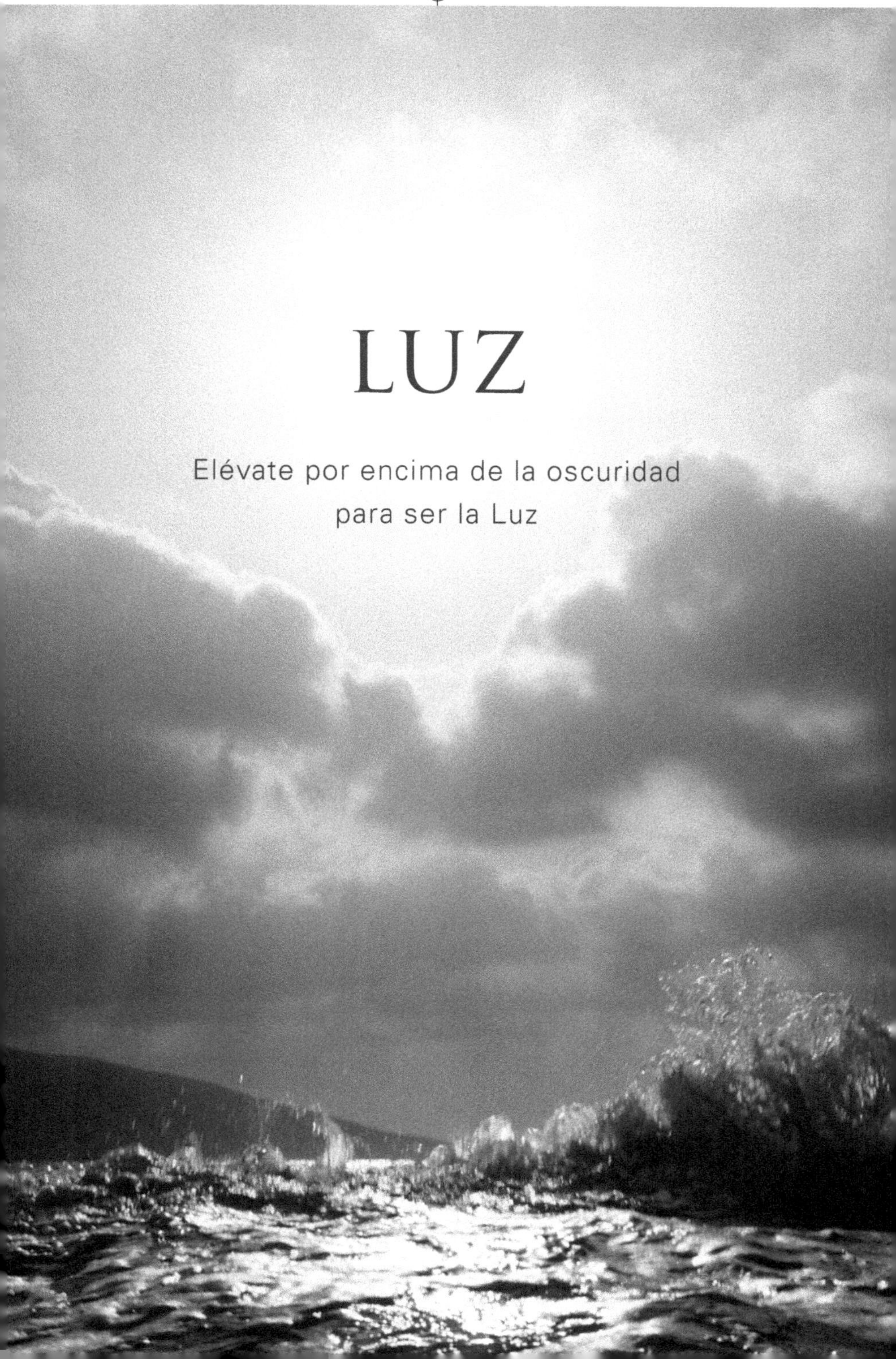

ELÉVATE SOBRE LA OSCURIDAD

En la porción bíblica de *Vayetsé*, se nos cuenta que Yaakov viajó desde la tierra más poderosamente positiva, Israel, a la tierra más negativa, llamada Jarán. El viaje fue largo y difícil, y hubo muchos obstáculos a lo largo del camino (Génesis 28:10). ¿Por qué abandonó Yaakov un lugar positivo? ¿Por qué tuvo que soportar tales dificultades? Fue al atravesar este proceso que pudo alcanzar su potencial. Para completar su trabajo físico y espiritual, tuvo que dejar Israel (positividad) e ir a Jarán (negatividad).

En el camino de la vida, no anticipamos que nuestro proceso deba tener complicaciones, cosas que se interponen en nuestro camino. Esencialmente, cuanto más difícil es el proceso, más capaz es el individuo, más fuerte la vasija y más alto puede subir la persona en la escalera de la espiritualidad. Cada uno de nosotros ha sido colocado en la situación más perfecta para que se convierta en la Luz más brillante. Cada dificultad que encontramos es una oportunidad para que subamos al siguiente peldaño. Pero necesitamos prestar atención a las cosas que nos rodean para poder crecer gracias a ellas.

Cuando las cosas van bien, todos nosotros, incluida yo, somos muy espirituales. Pero cuando las cosas parecen ir mal, todo lo que sabemos se va por la ventana. Hacemos una pataleta. Tiramos todos los papeles por el suelo. Gritamos "¡Socorro, socorro!".

Echa un vistazo a tu vida; cuando las cosas no son como tú quieres que sean, ¿cómo reaccionas? ¿Cuánta certeza tienes en tu camino espiritual? ¿Entiendes la razón por la cual estás aquí, y que todo lo que eres es tu capacidad para subir esa montaña? La vida aquí, en este reino físico, es como Jarán. Es una dimensión a menudo cubierta por velos de negatividad. En un mundo donde el caos —desde los desastres naturales a la guerra, el terrorismo y la inestabilidad económica— prolifera, podemos preguntarnos si hay una forma de estar protegido de esta negatividad. Pues bien, sí la hay, y depende de nosotros.

A través de nuestras acciones positivas tenemos el poder de crear un escudo protector que puede protegernos de la negatividad que se cruza en nuestro camino. Vivimos en el mundo de la manifestación, donde el Creador se revela a través de nuestras acciones positivas. Pedimos ver a Dios y sentir Su presencia. Pero a menudo, en nuestra búsqueda para ver y sentir al Creador, pasamos por alto oportunidades que están frente a nosotros; oportunidades en la forma de alguien a quien podemos ayudar o una situación en la que podemos ser útiles. Estas son las oportunidades que se nos dan para construir nuestra Luz, fortalecer nuestro escudo protector y darnos la fuerza para saber que somos totalmente capaces de elevarnos por encima de lo que está pasando en nuestra vida, por muy mal que parezcan ir las cosas.

CONQUISTA LA OPRESIÓN

En nuestro mundo están sucediendo cosas terribles e inhumanas, y parece que cada día nos trae una nueva revolución. Este caos es la forma que tiene el universo de mostrarnos que nuestras viejas costumbres no funcionan, y que necesitamos cambiar o quedarnos igual y perecer.

Lo que vemos en la actualidad es el efecto a largo plazo de la falta de conciencia. Es la ausencia de respeto por los demás y por nuestro planeta. Es nuestro comportamiento egoísta lo que está causando la reacción negativa global, física y espiritual.

Kabbalísticamente, podemos crear cambio al ver la chispa de Luz en lugar de la oscuridad en cada persona y cada cosa con la que interactuamos. Esto es dignidad humana, y aquí es por donde se empieza.

Estamos empezando a vislumbrar esto por todo el mundo, pero para que esto suceda de una forma significativa y duradera, cada uno de nosotros debe asumir la responsabilidad de ser una fuerza de bondad en cada área de nuestra vida. Puede parecer que no podemos tener influencia sobre los acontecimientos mundiales, pero cuando cambiamos estas pequeñas e insignificantes acciones egoístas, no sólo *podemos* cambiar el mundo, sino que *lo cambiaremos*.

HAY UNA LUZ QUE UNE EN MEDIO DEL DESASTRE

Si cada incidente fuera una palabra en el lenguaje del mundo, ¿qué estaría diciendo el mundo?

Parece que a cada minuto hay algún nuevo desastre generando un titular. Justo cuando estamos recuperándonos de un acontecimiento que altera al mundo, que cambia los paradigmas, otro nuevo le sigue. Hay revoluciones, terremotos, tsunamis y animales en extinción.

A menudo, tras una devastación catastrófica, cuando la Tierra tiembla y arranca nuestras máscaras, recordamos quienes somos realmente y vemos nuestras similitudes subyacentes. En los escombros de la destrucción, encontramos la prueba de que el espíritu humano está iluminando nuestro camino a casa. Escuché una historia sobre un socorrista en Japón que sacó a una mujer de un auto y no sólo le dio auxilio, también le dio un abrazo. Eso estaba más allá de sus responsabilidades; un corazón que toca a otro corazón.

Sería asombroso que pudiéramos recordar el ser Divino que somos sin la necesidad de que circunstancias difíciles lo despierten en nosotros. Imagina que, en cada momento, fuéramos conscientes de que dentro de cada persona existe la Luz de Dios. Imagina que pudiéramos llegar a un lugar en nuestra conciencia en el que no sólo vemos, sino también

128

respetamos esa Luz y le damos a la persona que la alberga la dignidad y el espacio que merece para vivir libremente.

"Todo lo que existe en nuestro mundo tiene el derecho de existir porque tiene la Luz en su interior. Por lo tanto, necesitamos entender y tener mucho cuidado de no encontrar faltas en ninguna parte de la Creación, ni declarar que esto o aquello es superfluo o innecesario, pues esto equivale a calumniar a Él Quien lo creó". Rav Áshlag escribió esto en 1922, en un artículo titulado "Paz mundial". Fue el mismo año en el que fundó el Centro de Kabbalah con el propósito de traer esta conciencia al mundo. Espero que este profundo mensaje inspire tus pensamientos, palabras y acciones cotidianas. No esperemos a que otro titular de un desastre reescriba la historia de la humanidad.

CREAR LUZ PARA NOSOTROS MISMOS Y PARA EL MUNDO

"La misericordia y la verdad se han encontrado,
la justicia y la paz se han besado.
La verdad brotará de la tierra,
y la justicia mira desde los cielos.
Ciertamente el Creador dará lo que es bueno,
y nuestra tierra dará su fruto".
—Salmos 85:11-13

El reino de la existencia que habitamos en el nivel físico es lo que la Kabbalah llama *Maljut*. La vasija para la Luz del Creador, *Maljut*, no tiene Luz propia. Nuestro propósito, a medida que viajamos a través de esta dimensión vacía, es llenarla de Luz mediante nuestro esfuerzo por generar positividad, en cualquier circunstancia.

Los antiguos kabbalistas explicaron que durante nuestro tiempo, la Era de Acuario, la Luz empezaría a entrar en la vasija de forma inevitable, y no como consecuencia de nuestros actos. A medida que la Luz de las Dimensiones Superiores descienda a *Maljut*, creará una presión que se manifestará en forma de desafíos y dificultades. Esto ocurre para darnos la oportunidad de esforzarnos, y al hacerlo, convertirnos en la causa de esa revelación.

La razón por la cual las cosas se pondrán más difíciles a medida que nos acercamos a este tiempo es debido a la polaridad que existe en el universo. Donde hay Luz, debe haber oscuridad en igual medida. Cuanto mayor es la revelación de Luz, mayor será la fuerza de la oscuridad para crear un equilibrio de libre albedrío.

Aquellos de nosotros que buscamos el entendimiento en el mundo llegaremos a darnos cuenta de que la razón por la cual se nos está desafiando es porque a través de estos desafíos descubrimos quién somos y de qué estamos hechos. Y al mismo tiempo, cada uno de nosotros representa un mundo en sí mismo. Aunque somos un microcosmos, contribuimos al macrocosmos.

Este conocimiento puede ayudarnos a cambiar el mundo, persona a persona.

DESPIERTA

Hay una práctica religiosa para bendecir los alimentos que comemos. Sin embargo, el Rav siempre nos recordaba que el Creador no necesita nuestras bendiciones. La razón por la cual bendecimos la comida es con el fin de entrenar nuestra mente para que esté consciente y despierta; para ayudarnos a recordar que la Luz existe a nuestro alrededor, en cada acción que llevamos a cabo. Desde el momento en que nos despertamos en la mañana hasta que nos vamos a dormir por la noche, la vida nos da la elección de ser robóticos o conscientes con las personas que hay a nuestro alrededor, en nuestro trabajo y mientras viajamos de un lugar a otro.

A veces cuando vamos conduciendo a casa, la conducción en sí se vuelve tan automática que puedes encontrarte en casa y no recordar cómo llegaste allí. Cuando las acciones se vuelven rutinarias, podemos dejar de funcionar en un nivel consciente. Despertar para ser consciente del Creador es parte del proceso de evolución de nuestra alma.

HAY UNA ALTERNATIVA AL DOLOR Y EL SUFRIMIENTO – PARTE 1

El *Zóhar*, escrito hace más de dos mil años, describe el siglo veintiuno como un período en el que prevalecen dos aspectos de la conciencia: *Oy* (Aflicción) y *Ashréi* (Bendición).

Oy se refiere a la mentalidad de la gente que vive este mundo sin espiritualidad y no entiende la necesidad de un cambio en la conciencia. *Ashréi* se refiere a la conciencia de las personas que viven este mundo como un lugar espiritual, que asumen la responsabilidad de su contribución al colectivo y que trabajan duro para transformar su naturaleza con el fin de practicar más amor y tolerancia. En una conciencia de *Ashréi*, entendemos que como seres humanos tenemos la capacidad inherente de evolucionar. Rav Áshlag llama a esta capacidad el "Gobierno del Cielo", y lo describe de la siguiente manera:

> *"El Creador ha conferido sabiduría y poder para gobernar a los humanos y los ha capacitado para tomar la dicha ley de evolución bajo su propia autoridad y poder de gobernar, y al hacerlo así le permite a uno acelerar grandemente este proceso de evolución, de acuerdo con su voluntad y en completa libertad e independencia, con respecto a la limitación del tiempo".*
> —*Sobre la paz mundial*, Rav Áshlag, Gobierno del Cielo y Gobierno de la Tierra

Refiriéndose a este período en el tiempo, el Creador dijo: "Los refinaré como se refina la plata, y los probaré como se prueba el oro" (Zacarías 13:9). El *Zóhar* explica que esto significa que, durante esta época, para despertar a la humanidad a la conciencia de la Luz del Creador, el universo nos limpiará de la misma manera que una alfombra se golpea para sacudir todo el polvo y la suciedad que hay en sus fibras. Aquellos con una conciencia de *Oy* sentirán los golpes, y aquellos con una conciencia de *Ashréi* sentirán la limpieza.

Cuando nos ocurren cosas "malas", en realidad no son malas, sino que están destinadas a traernos una manera mejor de hacer las cosas. Como sabemos, la Luz no viene de la Luz, viene de la oscuridad. A través de la oscuridad, a través del barro, a través de la suciedad, podemos alcanzar la cima de nuestra espiritualidad. La gente con conciencia de *Ashréi* percibe los desafíos de esta forma.

Hay un entendimiento espiritual que dice que en este mundo físico estamos destinados a hacer este trabajo nosotros mismos, y que si no lo hacemos el universo lo hará por nosotros. El Creador nos enviará un pequeño empujoncito. Si lo pasamos por alto, obtendremos un empujoncito más fuerte. Y si esto no funciona, obtendremos un empujón realmente grande. Esto es lo que está ocurriendo en nuestro mundo ahora mismo. Se nos ha advertido una y otra vez. Necesitamos empezar a ver cómo estamos destruyendo las cosas a nuestro alrededor. Y tenemos que parar.

El *Zóhar* nos dice que la humanidad tiene la capacidad de cambiar la trayectoria del estado del mundo. A través de la transformación de nuestra conciencia y nuestras acciones, podemos crear una realidad de *Ashréi* para todos.

HAY UNA ALTERNATIVA AL DOLOR Y EL SUFRIMIENTO – PARTE 2

"El que un ser humano ame a otro:
es quizás la más difícil de todas nuestras tareas,
la definitiva, la última prueba y la evidencia,
el trabajo para el cual todas las demás tareas no son más que una
mera preparación".
—*Poemas seleccionados de Rainer Maria Rilke*, Rainer Maria Rilke

La brecha entre causa y efecto se está estrechando como nunca antes en la historia. En el pasado, se nos daba tiempo entre la acción y el efecto para arrepentirnos y cambiar nuestra actitud. Ahora las cosas suceden en un instante. Es como meter el dedo en un enchufe: el choque eléctrico es inmediato.

¿Qué debemos hacer? Para empezar, podemos preguntarnos: "¿Qué puedo hacer hoy que no hice ayer? ¿Qué puedo cambiar? ¿Dónde he caído? ¿Qué puedo hacer para crear unidad?".

Si buscamos un cambio enorme cada día, no lo encontraremos. Pero cuando buscamos que las pequeñas cosas cambien —la forma en la que interactuamos con los demás; las veces que sonreímos en vez de juzgar— generamos un cambio y sumamos a éste a todo el mundo.

No importa qué camino espiritual sigamos, sea el judaísmo, el cristianismo, el budismo o el islam. Todos nuestros maestros personifican el mismo mensaje, que es una señal del mayor propósito de la vida. Buda dijo: "Considera a los demás como a ti mismo". Jesús dijo: "Ama a tu prójimo como a ti mismo". Mahoma dijo: "Lo que quieres para ti, búscalo para la humanidad". Hilel dijo: "Aquello que te resulta odioso a ti, no lo hagas a los demás".

Una forma de practicar esta Regla de Oro es hacernos cargo de ayudar a los demás con sus problemas como si fueran los nuestros. Es muy fácil pensar: "Este problema no me afecta a mí", pero a los ojos de Dios, todos somos uno. Por eso es importante unirnos cada día a través de la oración, obtener una nueva conciencia, una conciencia que no piensa sólo en nuestro propio dolor y nuestros propios problemas, sino también en el dolor y los problemas de los demás. Todos estamos conectados, y todos nos afectamos los unos a los otros. Al ayudar a otras personas con sus problemas, en realidad nos estamos ayudando a nosotros mismos. Para crear esta revolución en la conciencia, necesitamos hacer de la conciencia un estilo de vida.

CREAR BENDICIONES PARA NOSOTROS Y PARA EL MUNDO

Podemos mirar lo que está sucediendo alrededor del mundo y pensar: "Veo lo que está ocurriendo, pero ¿qué tiene que ver conmigo? ¿Qué puedo hacer al respecto?". Por otro lado, en su lugar podemos hacernos estas preguntas: "¿Qué puedo hacer para asegurarme de que mi propio canal esté despejado? ¿Cómo estoy interactuando con los demás? ¿Estoy abierto a aceptar la crítica de forma correcta y utilizarla para crecer? ¿Estoy buscando cosas a mi alrededor que pueda mejorar? ¿Estoy motivando a las personas que me rodean para bien?".

Si podemos despertar por la mañana y establecer nuestra intención de conectar con nuestra propia espiritualidad, asegurándonos de no traer más negatividad a este mundo, entonces esta conciencia puede expandirse a los que nos rodean, y desde ellos hacia fuera. Multiplica esta conciencia positiva, y juntos alteraremos la apariencia del mundo. ¡Esto es lo que podemos hacer al respecto!

Dentro de cada ser humano hay dos fuerzas: está la voz suave de la Luz que hay dentro de nosotros que nos impulsa y dice: "Ayuda a tu amigo. Desvíate de tu camino para hacer esa llamada". Y luego hay otra voz mucho más alta, el Deseo de Recibir para Sí Mismo, que dice: "Toma un poco de más para ti mismo; engaña a tu pareja, no notará la diferencia". Cada día, podemos elegir a qué fuerza escuchamos. Nuestras elecciones marcan la diferencia en la salud de este mundo.

Cada día, preguntémonos de nuevo: "¿De qué se trata todo esto? ¿Se trata de los pocos momentos de mi placer egoísta, o se trata de ser victorioso en traer el bienestar al mundo? ¿Haremos cosas que sólo nos sirven a nosotros mismos o haremos cosas que benefician también a otras personas?".

Es mi deseo que todos desarrollemos un deseo verdadero que resultará en bendiciones para cada uno de nosotros y para el mundo.

ALCANZAR LA CONCIENCIA DE BINÁ

Biná es el nivel espiritual del Entendimiento en el Árbol de la Vida kabbalístico. Es un reflejo puro de la Luz de la Sabiduría, que está en el nivel de *Jojmá*.

Los ángeles están en el nivel de *Biná* y tienen la capacidad de entender exactamente lo que la Luz del Creador les pide que hagan. Cada ángel tiene una tarea, que realiza completamente y sin vacilación.

Por otro lado, en el nivel de *Maljut*, nos enfrentamos a la ilusión del tiempo, el espacio y la fisicalidad de este mundo. Estas limitaciones nos presentan con el libre albedrío para tomar decisiones, para decidir por nosotros mismos lo que estamos destinados a hacer, no porque alguien nos dice que lo hagamos.

Para aquellos de nosotros que estamos en un camino espiritual y buscamos estar en sintonía con la Luz del Creador, saber qué hacer y cuándo hacerlo es un reto constante. Pedimos la orientación que nos permitirá abrir la puerta correcta y tomar la decisión correcta.

A esta decisión tuvo que enfrentarse Yoná (Jonás) a la edad de 13 años. El Creador le dijo a Yoná que fuera al pueblo de Nínive y llevara a las personas de allí más cerca de Dios. Nínive era un pueblo con mala fama por estar lleno de gente negativa, y Yoná no entendía cómo podía *él* ayudarlos a cambiar su actitud. Finalmente, a través de un proceso que implicó ser tragado por una ballena durante tres días, Yoná estuvo finalmente dispuesto a aceptar la responsabilidad de su destino.

El *Zóhar* nos enseña que este proceso de elección existe para todos. Cada uno de nosotros tiene un destino que cumplir. Y espiritualmente, sabemos que la elección correcta siempre consiste en compartir Luz más allá de nuestra propia vida. La mayoría de nosotros deseamos que nosotros mismos, nuestra familia y la gente cercana a nosotros tengamos una vida tranquila y sin negatividad. Pero a menudo se nos llama a que despertemos este tipo de cuidado por aquellos que están fuera de nuestro círculo, a que hagamos algo que beneficie al gran colectivo, tal como Yoná fue llamado.

Yoná fue tragado por la ballena porque necesitaba llegar a un lugar difícil donde no pudiera ser oído ni ayudado, y aun así se despertara en él el cuidado por las personas que lo rodeaban. Cuando vamos a estos lugares tan difíciles, con esfuerzo y cuidado podemos encender la Luz para nosotros mismos y para los demás. Este es nuestro libre albedrío como humanidad, y al elegirlo nos volvemos como los ángeles que acceden a *Biná*.

SÉ UN HIJO DE DIOS

El *Zóhar* revela muchas cosas hermosas para ayudarnos a entender nuestra relación con el Creador. Una de estas discusiones relata la diferencia entre ser un siervo de Dios y un hijo de Dios. En una ocasión, el *Zóhar* afirma que el Creador dice: "Pues los hijos de Israel son mis siervos" (Levítico 25:55). Sin embargo, en otro lugar, el Creador dice: "Ellos son mis hijos" (Isaías 63:8). El *Zóhar* explica que estas dos diferencias están conectadas a distintos niveles de conciencia de los israelitas en distintos momentos en el tiempo.

En una ocasión, el *Zóhar* dice que ser un siervo de Dios es ser alguien que lleva a cabo su tarea porque es lo que se le dijo que hiciera; lo hace robóticamente como si no tuviera otra opción.

Por otro lado, un hijo de Dios es alguien cuya conciencia lo lleva a hacer cosas porque ve el panorama más amplio, no porque es lo que se espera de él. Él sabe quién es y quién nació para ser. Se percibe a sí mismo como un hijo del Creador, y es consciente del Creador que hay en él. Un hijo de Dios es una persona que sabe que se conectará más a la Fuerza de Luz del Creador haciendo ciertas acciones. Esencialmente, como siervos somos un efecto del amo; como hijos, estamos hechos de la misma esencia que nuestro padre, y vivimos esa realidad desde un lugar de amor, no de obligación.

Nuestra tarea es elegir el camino del Creador porque es algo que queremos, no porque es algo que se supone que tenemos que hacer. Cada vez que deseamos y elegimos comportarnos según las leyes espirituales que el Creador ha establecido para nosotros, nos convertimos en los escritores de nuestro propio destino. Por eso nosotros, en el Centro de Kabbalah, creemos que no hay coerción en la espiritualidad, pues nos restaría la capacidad de ser la causa, de decidir por nosotros mismos.

En el *Zóhar* (*Behar* 9:58-62) encontramos una historia que revela una decisión que cambió el destino de un hombre. Rav Jiyá y Rav Yosi, dos estudiantes de Rav Shimón bar Yojái, estaban caminando por el desierto. Vieron a otros dos hombres que iban viajando, cuando un tercer hombre se acercó a ellos. El tercer hombre les dijo que estaba hambriento y les pidió algo de comer o de beber. Uno de los hombres respondió: "A mí sólo me queda lo suficiente para completar mi viaje. No tengo comida de sobra".

El otro hombre dijo: "Compartiré mi comida y mi agua, puesto que ahora estoy bien y no lo necesito tanto como él".

Al seguir observándolos, los dos estudiantes de Rav Shimón se dieron cuenta de que el hombre que había compartido su comida estaba cada vez más débil. Rav Yosi le dijo a Rav Jiyá: "Debemos ayudarlo y darle comida".

Rav Jiyá dijo: "Creo que aquí está destinado a ocurrir un milagro. Observemos primero y no interfiramos con la oportunidad que el Creador le ha presentado a este hombre". Exhausto, hambriento y sediento, el viajero, agotado, se sentó a descansar al lado de una roca, bajo una pequeña parcela de sombra.

El hombre que había conservado su comida dijo: "Te dije que guardaras tu comida y tu bebida, no puedo esperar. Continuaré mi camino".

Mientras estaba dormido en la roca, se le acercó una serpiente. Rav Yosi dijo de nuevo: "Debemos ayudar", cuando justo entonces apareció una serpiente aún más grande, se comió a la primera y siguió su camino. Rav Jiyá procedió a explicar que se había pronunciado un decreto sobre el viajero, y que aquel hombre pobre se le había enviado para dar una oportunidad al viajero de elegir la bondad. Al hacerlo, el viajero eliminó el juicio que estaba destinado a caer sobre él en la forma de la primera serpiente. La segunda serpiente fue enviada porque el viajero eligió dar de su comida al hombre pobre. Los dos estudiantes de Rav Shimón se acercaron al viajero, compartieron con él su comida y le hablaron de su mérito por habérsele enviado un regalo así.

Milagros como este nos ocurren cada día. Se nos presenta una oportunidad, justo igual que el viajero cuando se le permitió decidir por sí mismo si iba a dar sus últimos bocados de comida y sus últimas gotas de agua. Por su propia elección, a este hombre se le devolvió su vida y se convirtió en un hijo de Dios. Si hubiera sabido que al dar iba a ser salvado, y su comportamiento hubiera sido motivado por su propia necesidad, entonces habría sido un siervo de Dios. El *Zóhar* explica que esta es la razón por la cual los hijos de Israel reciben estos dos nombres. Se trata de su elección.

EL DON DE RAV YITSJAK LURIA (EL ARÍ)

Hay una idea kabbalística que dice que el alma de cada persona está conectada con un alma justa (*tsadik*). Mi *tsadik* personal es Rav Yitsjak Luria (el Arí). Cada vez que estoy frente a mi siguiente nivel de crecimiento, el Arí ilumina mi camino. Lo que he aprendido de su vida y sus enseñanzas me ha beneficiado y fortalecido aun en las pruebas más difíciles.

El Arí nació en 1534 e. c., en Jerusalén. Era muy joven cuando su padre falleció, y él y su madre fueron enviados a vivir con su tío en El Cairo. Durante su infancia fue un prodigio espiritual, y reveló secretos sagrados. Cuando alcanzó la mayoría de edad, el Arí viajó a la orilla del Nilo, donde vivió solo y en silencio, y dedicó tiempo a estudiar el *Zóhar*. El Arí podía comunicarse con toda la naturaleza, física y metafísica.

A la edad de 36 años, el Arí se trasladó con su mujer a la ciudad de Safed, en Israel, donde conoció a su estudiante más importante: Jayim Vital. Jayim Vital aprendió y absorbió las enseñanzas del Arí, y finalmente las recopiló en un texto llamado *Los escritos del Arí*. Estos libros decodifican el *Zóhar* y organizan los secretos del universo en un sistema que puede ser estudiado, aprendido y aplicado a la vida de una forma práctica. Hoy en día, conocemos este sistema como la Kabbalah Luriánica, y es el linaje y el camino que seguimos en el Centro de Kabbalah.

La vida del Arí fue corta; dejó este mundo a la edad de 38 años. Como la de muchos kabbalistas, su vida no fue en absoluto fácil. Sin embargo, sabemos que a veces cuanto más difícil es la relación entre una persona y su propia alma —entre una persona y la Luz— mayor es la capacidad de esa persona para atraer Luz al mundo.

Por nuestra parte, debemos recordar que todo el mundo es puesto a prueba. Todos somos probados. A veces pasaremos esas pruebas, y a veces no. Pero el truco aquí es mirar las vidas de aquellos que vinieron antes de nosotros y entender que cuanto más difícil es la situación que tenemos ante nosotros, más alimento espiritual podemos obtener de ésta.

Podemos conectarnos con el Arí a través del estudio de sus enseñanzas, para fortalecer nuestra conciencia y aceptar que nuestros desafíos son simplemente el envoltorio del mismísimo regalo de la Luz que buscamos. No obstante, no podemos recibir esta Luz si rechazamos el regalo de las pruebas.

LA LUZ DE RAV SHIMÓN BAR YOJÁI

Rav Shimón bar Yojái, el autor del *Zóhar*, huyó perseguido por los romanos y se escondió en una cueva con su hijo durante trece años. Con poca comida, se alimentaron sólo de los frutos de un algarrobo y agua de un pequeño manantial. Para esconderse, se enterró en la tierra dejando fuera sólo su cabeza. Cuando Rav Shimón salió de la cueva tras todos esos años, se encontró con su suegro, Rav Pinjás ben Yair, quien proclamó: "¡Qué lamentable verte de esta manera!". La vestimenta de Rav Shimón estaba raída y su cuerpo estaba cubierto de llagas. Estaba debilitado y frágil después de haber vivido en la tierra, sin haber visto prácticamente la luz del Sol durante tanto tiempo. Rav Shimón respondió: "Si no estuviera como estoy, no sería lo que soy".

La espiritualidad es un proceso duro. Implica la capacidad de levantarnos con cada dificultad, en cada oportunidad, entendiendo que en medio de todo eso hay Luz, hay crecimiento. Esta es la manera en que podemos llegar a ser más.

Las palabras de Rav Shimón: "Si no estuviera como estoy, no sería lo que soy", contienen una lección importante para ti y para mí. Sin desafíos, no hay escalera. Si no luchamos por la certeza cuando estamos ante las dificultades, no podemos alcanzar nuestro objetivo en nuestro trabajo espiritual: nuestro destino potencial.

Fue sólo después de que Rav Shimón pasara por la severidad del lugar de su confinamiento cuando fue capaz de manifestar el propósito de su alma: revelar la Luz y el texto del *Zóhar*, que vino a través del dolor, el trabajo y el esfuerzo. Así es como suceden las cosas en nuestro mundo físico, al fin y al cabo, ¿acaso la vida misma —la mayor revelación de Luz—no viene a través del esfuerzo durante el parto? ¿No viene el logro de nuestro propósito a través del trabajo duro? No hay nacimiento sin empujar; no hay satisfacción sin un duro trabajo.

Es en la dificultad donde existe la Luz, y es a través del contraste de la oscuridad que una vela puede brillar resplandeciente.

AMOR

Cultiva el poder de un corazón abierto

VER CON BUENOS OJOS

Durante los períodos de crecimiento y las pruebas espirituales, puede ser muy tentador caer en nuestros modos reactivos de tristeza, rabia, y quizá el más destructivo de todos: el juicio. Si podemos aplicar nuestro esfuerzo a resistir nuestra tendencia, sea cual sea, podemos conectarnos con energías superiores, tener una conciencia elevada y alcanzar el don de ver "con buenos ojos", como lo hizo el Kabbalista del siglo XVIII el Baal Shem Tov (Rav Israel ben Eliezer).

Cuando su padre murió, el gran Baal Shem Tov era tan sólo un niño. Lo colocaron en una escuela religiosa; sus compañeros de clase no lo trataban bien y no se llevaba bien con el director. Además, pasó una época difícil con su familia. Donde más le gustaba estar era en el bosque, solo, deleitándose en la belleza de los pájaros y los árboles. Amaba comunicarse con su Creador en la magnificencia de la naturaleza.

Un día, mientras estaba en el bosque, se encontró con un hombre que lo bendijo con el don de los "buenos ojos". El quedó confundido por esta extraña bendición, y sin saber lo que significaba, se encogió de hombros y siguió su camino. Cuando regresó a su casa, se empezó a dar cuenta que todo parecía distinto. El veía el caos que había visto antes, solo que ahora podía verlo con algo más que sus ojos; era capaz de sentirlo en su corazón, y eso abrió su entendimiento y compasión acerca de por qué ese caos estaba ocurriendo.

Veía a las personas que estaban sufriendo, reaccionando a su dolor, y al hacerlo se desconectaban de su propia esencia Divina y la esencia del amor. De repente era consciente de cómo, al lidiar con sus problemas, las personas actuaban de una forma que era decepcionante o dañina para otras personas. El Baal Shem Tov se dio cuenta de que en una situación que parece negativa, hay una causa que la originó, y esa causa es exactamente aquello por lo cual necesitamos tener empatía.

No todos tenemos el mérito de haber sido bendecidos con el don de los "buenos ojos", pero podemos desarrollarlo con un poco de disciplina interna. De forma práctica, esto significa enfocarnos en lo que es correcto y bueno en otras personas, en lugar de lo que está mal en ellas. Significa mirar a las personas y ver la belleza en sus ojos. Significa tener compasión por lo duro que es para ellas ganarse la vida o lo difícil que es para ellas estar con su familia. Es fácil ver lo malo en los demás. Sin embargo, ver lo bueno requiere un esfuerzo. Ver lo bueno en los demás es una decisión. Y si no tomamos esa decisión, entonces permanecemos en el mundo que tiene la apariencia de caos; un caos no causado por lo Divino sino por nuestro propio egoísmo y falta de humanidad.

Ciertamente, el mundo está lleno de negatividad. ¿Sabes por qué? Porque es trabajo de la humanidad cambiarlo. Depende de nosotros ser los mensajeros del amor y la armonía, en lugar del odio y la intolerancia. Depende de nosotros elegir ver a los otros con ojos bondadosos. Si podemos hacerlo, tendremos el poder de elevarnos literalmente fuera del reino del juicio y adentrarnos en el reino del amor y la Luz.

ABRE TU CORAZÓN

Gestos simples, hechos con el corazón, pueden significar mucho; también pueden influenciar el futuro más allá de lo que vemos en el momento. Hay un *Midrash* basado en Éxodo 3:1 que relata lo siguiente:

> *Moshé estaba guiando un rebaño de ovejas de Yitró. Cuando fue en busca de una oveja perdida, vio un arbusto ardiendo. Moshé encontró a la oveja bebiendo y se dio cuenta de que ésta se había marchado en busca de agua. Sintió pena por la oveja y la llevó de vuelta al rebaño.*

Un pastor, sea de un rebaño o de una nación de personas, tiene compasión por los que tiene a su cargo. Moshé mostró esta compasión, y Dios lo recompensó con el liderazgo de los israelitas.

Esta es una lección para todos acerca de nuestro camino espiritual. Moshé no fue elegido por su inteligencia ni por la profundidad y la amplitud de sus conocimientos. Lo que convirtió a Moshé en un líder a los ojos de Dios fue la calidad de su corazón: su capacidad para personificar el amor, el cuidado y la armonía que existen dentro de la Luz del Creador.

El *Zóhar* dice:

> *Ven y ve: Cuando un hombre se ordena a sí mismo venerar a su Señor, la orden llega primero al corazón, que es la base y fundamento del cuerpo entero. Entonces esa buena voluntad es difundida en todos los miembros del cuerpo; y la voluntad de los miembros del cuerpo y la voluntad del corazón se combinan, y atraen hacia sí el esplendor de la Shejiná para que repose en ellos.*

—*Zóhar, Vayakehel* 5:71

Si uno tiene el corazón abierto, entonces la totalidad del individuo, y todo lo que rodea a la persona, será afectado. Las manos, los pies, incluso el entorno, todo reacciona de acuerdo a la influencia del corazón.

VISUALIZACIÓN DEL CHAKRA DEL CORAZÓN

Es muy difícil vivir en el mundo cuando nuestro corazón está cerrado. Y nuestro corazón no puede estar abierto si no sentimos amor por nosotros mismos y por los demás. Para amar a otra persona, es importante entender y respetarte primero a ti mismo, o tu amor será condicional. He incluido un ejercicio de visualización de abertura del corazón para que lo hagas cuando sientas que tu corazón se está cerrando a ti mismo o a los demás.

En tu mente, obsérvate a ti mismo caminando por la playa. Sientes las plantas de tus pies sobre la cálida arena. Sientes una sensación de bienestar en ti, la calidez del sol, la brisa fresca. Durante unos momentos, siéntate cerca del agua y observa las olas. Toca la arena, siente como te calienta. Mientras estás sentado allí, imagina cómo te sentirías si las olas del mar se unieran con tu corazón; suave y gentilmente siente cómo tu corazón se expande como las olas. En esta abertura, hay autoconciencia, hay calma, dicha. Estás en un lugar de alegría, donde sientes que te cuidan.

Ahora extiende este sentimiento de amor hacia fuera. Pues de otra forma, somos la mitad de un ser, la mitad de un amigo, la mitad del amor; y a veces nos encontramos no siendo nada en absoluto. En este ejercicio, elegimos formar un ser completo. Con la Luz que brilla desde nosotros con compasión, encontramos la belleza en nuestros amigos y seres queridos que a veces no hemos encontrado porque no hemos mirado con suficiente atención.

Toma esta Luz a través de tu corazón y extiéndela hacia delante. Ahora elige a alguien y envíale esta energía a esa persona. Comparte. Comparte esta Luz, esta dicha que está dentro de ti. Siente cómo esta persona se ilumina, a través de su corazón y de su cabeza, al resto de su ser. Siente a esta persona en armonía contigo generando una fuerza de unidad. Y en esta energía encuentra el perdón, si se han hecho daño el uno al otro. Dile a esta persona que lamentas las veces que se han causado dolor. Siente la resonancia, la unidad, la calidez y la compasión.

Como seres humanos que somos, tenemos miedo, nos tropezamos y caemos. Es nuestro corazón el que nos permite ver la fragilidad los unos en los otros, nos ayuda a levantarnos de nuevo, caminar de nuevo y ser amigos de nuevo. Permite que esta compasión y calidez te llenen en este momento. Utilizando las letras *Hei-Hei-Ayin* ע·ה·ה, (la secuencia del amor incondicional de los 72 Nombres de Dios) siente como la energía atraviesa tu ser, a través de la fuente de la vida, a través del corazón, y se extiende hacia la persona que está contigo. Mediante la Luz que emana de *Hei-Hei-Ayin*, genera un amor que existe dentro de ti sin intereses personales ocultos, sin odio, sin dolor. Es un regalo utilizar estas letras. Siente la dicha. Inhala profundamente por la nariz. Estás en la playa. Es cálida y confortable. Sientes una suavidad cuando el agua toca tus pies.

SÉ LA CONCIENCIA DEL AMOR

En este tiempo de gran despertar y conciencia, el cambio más importante que puede ocurrir es que la humanidad se dé cuenta de que nuestro comportamiento, y el comportamiento de los átomos que conforman nuestro mundo físico, están gobernados y motivados por un único flujo de conciencia. Igual que el espacio puede interponerse entre nosotros y otras personas en el mundo, el espacio también puede interponerse entre los átomos en nuestro cuerpo. La forma en que interactuamos los unos con los otros se refleja en cómo los átomos de nuestros órganos, tejidos y células interactúan los unos con los otros. Cualquier pensamiento, palabra o acción que está en oposición a la Fuerza de Luz de la Creación, crea simultáneamente separación en el nivel molecular.

Desde esta perspectiva, convertirnos en una persona generosa, solidaria y amorosa no es para poder ser buenos, justos o vivir a la altura de una obligación de "debo" hacer esto o aquello. Más bien, convertirnos en un ser genuinamente generoso es para alinearnos con la Fuerza de Luz del Creador porque, cuando tenemos similitud de forma con la Fuerza de la Luz, permitimos que la Luz se convierta en la vibración de nuestros átomos. La Luz está siempre presente, y cuando nos sintonizamos con ella y actuamos de acuerdo a ella, todas las moléculas que conforman nuestro ser trabajan juntas armoniosamente.

Nuestra visión en el Centro de Kabbalah es de un mundo en el que ningún hombre necesitará enseñar a su prójimo, pues todos conoceremos la gloria de Dios. De esta manera, más y más personas pueden volverse conscientes de forma constante de la Divinidad que está dentro y fuera.

Al enfocar nuestro corazón y nuestra mente en ser una fuerza de este amor, con la ayuda de Dios, podemos tejer el manto de la unidad que sanará y protegerá a todos los países del mundo.

Más libros que pueden ayudarte a incorporar la sabiduría de la Kabbalah a tu vida

Dios usa lápiz labial
Por Karen Berg

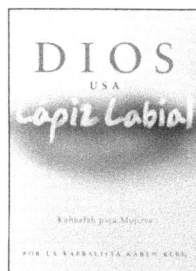

Presentando el poder de la Kabbalah desde el punto de vista de una mujer, Dios usa lápiz labial revela los principios espirituales y las herramientas de comprobada eficacia que ayudan a las mujeres a transformar sus vidas. Karen Berg, tal vez la mujer kabbalista más proeminente de la actualidad, te permite acceder a los secretos de esta sabiduría ancestral que estuvo prohibida para las mujeres por más de 4.000 años, hasta ahora. Ella explica por qué las mujeres tienen una ventaja espiritual y describe la naturaleza especial que poseen para nutrir al mundo. En estas páginas, también descubrirás el poder de las almas gemelas, el significado sagrado del sexo y el verdadero propósito de la vida. Lee este libro revolucionario y comienza a nutrir tu alma hoy.

...Continuará...: La reencarnación y el propósito de nuestras vidas
Por Karen Berg

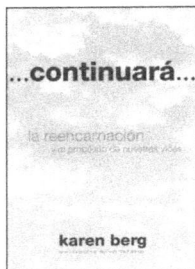

Tener conciencia del viaje de nuestra alma crea un contexto que nos ayuda a guiar nuestras vidas y apreciar lo que se nos ha otorgado. Con este conocimiento, nuestra alma finalmente logrará —con el paso de muchas vidas, para estar claros— entender todas las lecciones para unir todos estos fragmentos. Mientras lo hace, el alma reúne las chispas de Luz hacia sí misma y al final regresa completa a la fuente de toda Luz, el Creador. La primera parte habla del proceso de reencarnación, cómo y por qué ocurre. En la segunda parte los lectores aprenden sobre los desafíos de la vida y por qué es importante recibirlos como una parte necesaria del trabajo de nuestra alma. En la tercera parte la persona puede detectar las lecciones de vidas pasadas al utilizar las herramientas kabbalísticas como los ángeles, la astrología, la lectura de la palma de la mano y las líneas del rostro. La muerte no es el fin del juego, sino simplemente una oportunidad para hacerlo de nuevo. No tenemos nada que temer. La vida continuará...

Simplemente luz: sabiduría del corazón de una mujer
Por Karen Berg

De la mujer considerada por muchos como su "madre espiritual" y cuya obra ha afectado a millones de vidas por todo el mundo, he aquí un libro con un mensaje simple y directo desde el corazón: todo gira alrededor del amor y el compartir. La voz única de Karen te servirá de inspiración y te ayudará a confrontar los retos cotidianos. Abre el libro por cualquier página siempre que encuentres un momento, y empezarás a descubrir las claves para llevar una vida más plena y feliz.

Dos personas desiguales para cambiar al mundo: Memorias de Karen Berg
Por Karen Berg

Hace más de cuatro décadas, Karen y su esposo, Rav Berg, se propusieron hacer que la Kabbalah fuera comprensible y relevante para todas las personas. Su meta era enseñar la sabiduría espiritual y las herramientas de la Kabbalah, sin exclusión. Dos personas desiguales para cambiar al mundo es una memoria de la vida de Karen junto con su esposo Rav Philip Berg, el hombre que hizo que la Kabbalah fuese conocida y de libre estudio. Es verdaderamente la historia de dos personas comunes cuyo amor y forma de vida desafiaron tantas normas que fue inevitable una revolución espiritual. Como escribe Karen, "Tuvimos la bendición de ser parte del origen de algo extraordinario".

Educación de un Kabbalista
Por Rav Berg

En estas memorias, Rav Berg expone el profundo vínculo entre maestro y estudiante, ilustrando un hermoso retrato de uno de los más grandes Kabbalistas de nuestra era: Rav Yehuda Tzvi Brandwein. Ambientado en Israel durante los turbulentos días anteriores y posteriores a la Guerra de los Seis Días, este libro recuenta el desarrollo de la relación especial entre Rav Berg y Rav Brandwein, y comparte las enseñanzas provenientes de dicha relación. En estas páginas percibimos la pasión de estos Kabbalistas por llevar la sabiduría ancestral de la Kabbalah al mundo contemporáneo. Este es el viaje espiritual que resultó en la transferencia del liderazgo del Centro de Kabbalah de parte de Rav Brandwein a manos de Rav Berg.

Astrología Kabbalística: Y el Significado de Nuestras Vidas
Por Rav Berg

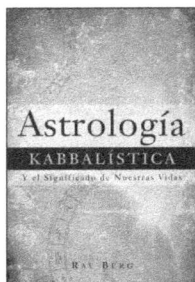

Seguramente has oído una y mil veces la frase: ¿Cuál es tu signo? Y, si eres como la mayoría de la gente, no tendrás inconveniente en contestar. Pero vamos a suponer que quieres encontrar algo más de lo que ofrecen los periódicos en sus columnas diarias de astrología. La investigación de los planetas y el estudio de las estrellas, tal como son practicados por los kabbalistas, son verdaderas ciencias que nos permiten entender y satisfacer nuestras necesidades más profundas, así como aprender las de los demás. El estudio kabbalístico de los planetas y las formaciones estelares nos dice que cada uno de nosotros ha nacido en el preciso instante que se ajusta mejor a nuestras necesidades específicas, para que podamos ejercer nuestro libre albedrío. La Kabbalah enseña que tenemos muchos futuros posibles y que, mediante la sabiduría kabbalística, podemos convertirnos en capitanes de nuestro propio barco y dueños de nuestro destino.

El Poder de la Kabbalah: Trece principios para superar desafíos y alcanzar la realización
de las enseñanzas de Rav Berg

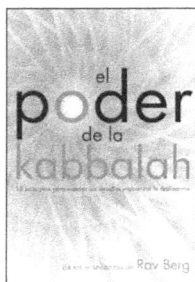

De acuerdo con la Kabbalah, todo lo que verdaderamente deseamos —amor, felicidad, paz mental, libertad, inspiración y respuestas— está disponible cuando conectamos con la Realidad del 99 Por Ciento. El problema está en que la mayoría de nosotros nos hemos desconectado inadvertidamente de esta dimensión. Imagina si pudiéramos tener acceso a esta fuente cada vez que queramos y de manera continua. Este texto fundamental incluye contenido nuevo y tiene respuestas más accesibles al momento de responder ante los desafíos de hoy en día. Los lectores descubrirán cómo pueden alinear sus acciones con su propósito más elevado, y se volverán conscientes de las posibilidades ilimitadas en sus propias vidas.

Ser como Dios
Por Michael Berg

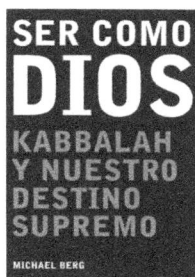

Ser como Dios presenta un método lógico para alcanzar nuestro derecho supremo innato. Al revelar esta oportunidad a la humanidad, este libro hace énfasis en el desarrollo de nuestros atributos divinos y en la mitigación del aspecto de nuestra naturaleza (nuestro ego) que interfiere con nuestro destino.

El Zóhar

Creado hace más de 2.000 años, el Zóhar es un compendio de 23 volúmenes y un comentario sobre asuntos bíblicos y espirituales, escrito en forma de conversaciones entre maestros. Fue entregado por el Creador a la humanidad para traernos protección, para conectarnos con la Luz del Creador y, finalmente, cumplir nuestro derecho de nacimiento: transformarnos. El Zóhar es una herramienta efectiva para alcanzar nuestro propósito en la vida.

Hace más de ochenta años, cuando el Centro de Kabbalah fue fundado, el Zóhar había desaparecido virtualmente del mundo. Hoy en día, todo eso ha cambiado. A través de los esfuerzos editoriales de Michael Berg y El Centro de Kabbalah, el Zóhar está disponible en su arameo original y, por primera vez, en inglés y español con comentario.

Enseñamos Kabbalah, no como un estudio académico, sino como un camino para crear una vida mejor y un mundo mejor.

QUIÉNES SOMOS:

El Centro de Kabbalah es una organización sin fines de lucro que hace entendibles y relevantes los principios de la Kabbalah para la vida diaria. Los maestros del Centro de Kabbalah proveen a los estudiantes con herramientas espirituales basadas en principios kabbalísticos que los estudiantes pueden aplicar como crean conveniente para mejorar sus propias vidas y, al hacerlo, mejorar el mundo. El Centro fue fundado en el año 1922 y actualmente se expande por el mundo con presencia física en más de 40 ciudades, así como una extensa presencia en internet. Para conocer más, visita kabbalah.com.

QUÉ ENSEÑAMOS

Existen cinco principios centrales:

- **Compartir:** Compartir es el propósito de la vida y la única forma de verdaderamente recibir realización. Cuando los individuos comparten, se conectan con la fuerza energética que la Kabbalah llama Luz, la Fuente de Bondad Infinita, la Fuerza Divina, el Creador. Al compartir, uno puede vencer el ego, la fuerza de la negatividad.

- **Conocimiento y balance del Ego:** El ego es una voz interna que dirige a las personas para que sean egoístas, de mente cerrada, limitados, adictos, hirientes, irresponsables, negativos, iracundos y llenos de odio. El ego es una de las principales fuentes de problemas ya que nos permite creer que los demás están separados de nosotros. Es lo contrario a compartir y a la humildad.

El ego también tiene un lado positivo, lo motiva a uno a tomar acciones. Depende de cada individuo escoger actuar para ellos mismos o considerar también el bienestar de otros. Es importante estar conscientes de nuestro ego y balancear lo positivo y lo negativo.

- **La existencia de las leyes espirituales:** Existen leyes espirituales en el universo que afectan la vida de las personas. Una de estas es la Ley de causa y efecto: lo que uno da es lo que uno recibe, o lo que sembramos es lo que cosechamos.

- **Todos somos uno:** Todo ser humano tiene dentro de sí una chispa del Creador que une a cada uno de nosotros a una totalidad. Este entendimiento nos muestra el precepto espiritual de que todo ser humano debe ser tratado con dignidad en todo momento, bajo cualquier circunstancia. Individualmente, cada uno es responsable de la guerra y la pobreza en todas partes en el mundo y los individuos no pueden disfrutar de la verdadera realización duradera mientras otros estén sufriendo.

- **Salir de nuestra zona de comodidad puede crear milagros:** Dejar la comodidad por el bien de ayudar a otros nos conecta con una dimensión espiritual que atrae Luz y positividad a nuestras vidas.

CÓMO ENSEÑAMOS

Cursos y clases. A diario, el Centro de Kabbalah se enfoca en una variedad de formas para ayudar a los estudiantes a aprender los principios kabbalísticos centrales. Por ejemplo, el Centro desarrolla cursos, clases, charlas en línea, libros y grabaciones. Los cursos en línea y las charlas son de suma importancia para los estudiantes ubicados alrededor del mundo quienes quieren estudiar Kabbalah pero no tienen acceso a un Centro de Kabbalah en sus comunidades.

Eventos. El Centro organiza y dirige una variedad de eventos y servicios espirituales semanales y mensuales en donde los estudiantes pueden participar en charlas, meditaciones y compartir una comida. Algunos eventos se llevan a cabo a través de videos en línea en vivo. El Centro organiza retiros espirituales y tours a sitios energéticos, los cuales son lugares que han sido tocados por grandes Kabbalistas. Por ejemplo, los tours se llevan a cabo en lugares en donde los kabbalistas pudieron haber estudiado o han sido enterrados, o en donde los textos antiguos como el Zóhar fueron escritos. Los eventos internacionales proveen a los estudiantes de todo el mundo la oportunidad de hacer conexiones con energías únicas disponibles en ciertas épocas del año. En estos eventos, los estudiantes se reúnen con otros estudiantes, comparten experiencias y construyen amistades.

Voluntariado. En el espíritu del principio Kabbalístico que enfatiza el compartir, el Centro provee un programa de voluntariado para que los estudiantes puedan participar en iniciativas caritativas, las cuales incluyen compartir la sabiduría de la Kabbalah a través de un programa de mentores. Cada año, cientos de voluntarios estudiantes organizan proyectos que benefician sus comunidades tales como alimentar a las personas sin hogar, limpiar playas y visitar pacientes de hospitales.

Uno para cada uno. El Centro de Kabbalah busca asegurar que cada estudiante sea apoyado en su estudio. Maestros y mentores son parte de la infraestructura educativa que está disponible para los estudiantes 24 horas al día, siete días a la semana.

Cientos de maestros están disponibles a nivel mundial para los estudiantes así como programas de estudio para que continúen su desarrollo. Las clases se realizan en persona, vía telefónica, en grupos de estudio, a través de seminarios en línea , e incluso con estudios auto dirigidos en formato audio o en línea.

Programa de mentores. El programa de mentores del Centro provee a nuevos estudiantes con un mentor para ayudarlo a comprender mejor los principios y las enseñanzas kabbalísticas. Los mentores son estudiantes experimentados quienes están interesados en apoyar a nuevos estudiantes.

Publicaciones. Cada año, el Centro traduce y publica algunos de los más desafiantes textos para estudiantes avanzados incluyendo el Zóhar, *Los escritos del Arí*, y las Diez emanaciones con comentario. Extraído de estas fuentes, el Centro de Kabbalah publica libros anualmente en más de 30 idiomas y a la medida de estudiantes principiantes e intermedios, las publicaciones son distribuidas alrededor del mundo.

Proyecto Zóhar. El Zóhar, texto principal de la sabiduría kabbalística, es un comentario de temas bíblicos y espirituales, compuesto y compilado hace más de 2000 años y es considerado una fuente de Luz. Los kabbalistas creen que cuando es llevado a áreas de oscuridad y de agitación, el Zóhar puede crear cambios y traer mejoras. El Proyecto Zóhar del Centro de Kabbalah comparte el Zóhar en 30 países distribuyendo copias gratuitas a organizaciones e individuos como reconocimiento de sus servicios a la comunidad y en áreas donde hay peligro. Desde el 2007, más de 760,000 copias del Zóhar han sido donadas a hospitales, embajadas, sitios de oración, universidades, organizaciones sin fines de lucro, servicios de emergencia, zonas de guerra, locaciones de desastres naturales, a soldados, pilotos, oficiales del gobierno, profesionales médicos, trabajadores de ayuda humanitaria, y más.

Apoyo al estudiante:

Como la Kabbalah puede ser un estudio profundo y constante, es útil tener a un maestro durante el viaje de adquisición de sabiduría y crecimiento. Con más de 300 maestros a nivel internacional trabajando para más de 100 localidades, en 20 idiomas, siempre hay un maestro para cada estudiante y una respuesta para cada pregunta. Todos los instructores de Apoyo al estudiante han estudiado Kabbalah bajo la supervisión del Kabbalista Rav Berg. Para más información:

apoyo@kabbalah.com
kabbalah.com/es

Información de Contacto de Centros y Grupos de Estudio

ARGENTINA:

Buenos Aires
Echeverría 2758, Belgrano
Teléfono: +54 11 4771-1432 /
+549 11 4409 3120
kcargentina@kabbalah.ar
Instagram: kabbalaharg

ESPAÑA:

Madrid
Calle Martínez Izquierdo, 16-18,
local 1C
Teléfono: +34 683 580 163
spain@kabbalah.com
Instagram: kcespana
Facebook: KabbalahCentreSpain

Barcelona
Teléfono: +34 683 580 163
miriam.agullo.vol@kabbalah.com
Instagram: kcespana
Facebook: KabbalahCentreSpain

COLOMBIA:

Bogotá
Calle 93B # 11ª-84 Centro de
Diseño Portobello
Parque de la 93
Cel: 3243135502 ó 3232903166
kccolombia@kabbalah.com
Instagram: kabbalahcolombia

Cali
Cra. 102 # 13ª-61 Local 3
Ciudad Jardín
Cel: 3243135502 ó 3178436947
kccolombia@kabbalah.com
Instagram: kabbalahcolombia

Medellin
Calle 5 # 45-32
Patio Bonito
Cel: 3243135502 ó 3136241792
kccolombia@kabbalah.com
Instagram: kabbalahcolombia

MÉXICO:

Estado de México
Centro de Kabbalah Tecamachalco
Av. de las Fuentes 218,
Lomas de Tecamachalco
Teléfono: +52 55 5280 0511
apoyo@kabbalah.com
Instagram: kabbalahmx

Ciudad de Mexico
Centro de Kabbalah Altavista
Puerta Altavista
Av. Desierto de los Leones 24,
San Ángel
Teléfono: +52 55 5280 0511
apoyo@kabbalah.com
Instagram: kabbalahmx

Mérida, Yucatán
Av. Andrés García Lavín 350,
Local 12, Plaza Victory Platz
Montebello
Teléfono: +52 999 5183720
WhatsApp +52 999 2185176
merida@kabbalah.com
Instagram: kabbalahmx

PANAMÁ:

Ciudad de Panamá
The towers business plaza, local 2,
Calle 50.
Teléfono: +507 694 93974
administracion.panama@kabbalah.com
Instagram: kabbalahpanama

PARAGUAY:

Asunción
Charles de Gaulle 1892 y Quesada;
Edificio San Bernardo, primer piso.
Teléfono: +595 976 420072
kcparaguay@gmail.com
Instagram: kabbalahpy

VENEZUELA:

Caracas
Av. 10, Quinta 10;
Urb. Altamira, Edo. Miranda.
Teléfono: +58 414 205 7205
caracastkc@kabbalah.com
Instagram: kabbalahve

Maracay
Centro comercial las Américas
Local P.B. 16 –
Las Delicias, Edo. Aragua
Teléfono: +58 414 205 7205
 caracastkc@kabbalah.com
Instagram: kabbalahve

CENTROS EN EUA:

Boca Ratón, FL +1 561 488 8826
Miami, FL +1 305 692 9223
Los Ángeles, CA +1 310 657 5404
Nueva York, NY +1 212 644 0025

CENTROS INTERNACIONALES:

Londres, Inglaterra +44 207 499 4974
Berlin, Alemania +49 30 78713580
Toronto, Canadá +1 416 631 9395
Tel Aviv, Israel +972 3 5266 800

KAREN BERG

Hace más de cuatro décadas, Karen y su esposo, Rav Berg, se propusieron hacer a la Luz y la sabiduría de la Kabbalah accesibles y relevantes para todas las personas. Su meta era enseñar la sabiduría espiritual y proveer las herramientas de la Kabbalah sin exclusión. Ellos consideraban que el estudio de la Kabbalah ayudaría a la gente, y que al hacerlo, el mundo se beneficiaría. Bajo su liderazgo, el Centro de Kabbalah pasó de tener una sola sede a ser una de las principales fuentes de sabiduría espiritual del mundo, con más de cuarenta sedes alrededor del mundo y también presencia en línea. Hoy, el Centro de Kabbalah provee instrucción y comunidad a decenas de miles estudiantes.

Tras el fallecimiento del Rav Berg en 2013, Karen Berg dirigió y nutrió incansablemente los Centros de Kabbalah en todo el mundo. Como su Directora Espiritual y Fundadora, Karen se dedicó a una visión perdurable, "dentro de cada persona hay una chispa de Dios que puede unirse para crear trascendencia más allá de todas las diferencias".

Durante diecisiete años incansables, Karen expandió sus esfuerzos más allá de las puertas del Centro de Kabbalah, viajando por el mundo para ser una voz de despertar para la unión espiritual. Se reunió con líderes mundiales, gigantes espirituales y ciudadanos globales, personalmente y a distancia, sirviendo a una comunidad mundial de millones con su mensaje a la humanidad: "Sé una fuerza de bondad".

Karen dejó este mundo en el instante de la salida del sol el 30 de julio de 2020. De acuerdo con el calendario hebreo este era el 9 de Av (Leo), considerado uno de los días más oscuros del año, que, paradójicamente, también posee en su interior el nacimiento de la iluminación. Karen dejó el mundo tal como vivió en él. "El momento más oscuro de la noche es justamente antes del amanecer", solía decir, "y esto nos indica que es a través de la oscuridad que encontramos la Luz". La vida de Karen es celebrada por cuatro hijos, dieciséis nietos, y un legado de Luz al mundo.

Los libros de Karen incluyen: Dios usa lápiz labial: Kabbalah para mujeres; Simplemente Luz: Sabiduría del corazón de una mujer; Continuará: Reencarnación y el propósito de nuestras vidas; Encontrar la Luz a través de la oscuridad: Lecciones inspiradoras basadas en la Biblia y el Zóhar; y Dos personas desiguales para cambiar el mundo: Memorias de Karen Berg.

www.ingramcontent.com/pod-product-compliance
Lightning Source LLC
Chambersburg PA
CBHW041604110426
42742CB00043B/3446